共產世界的變遷

四個共黨政權的比較

吳玉山 著

東大圖書公司

國家圖書館出版品預行編目資料

共產世界的變遷:四個共黨政權的比較／吳玉山著.
－－初版三刷.－－臺北市：東大，2004
　面；　公分
參考書目：面
ISBN 957－19－1849－0(精裝)
ISBN 957－19－1850－4(平裝)

1.共產主義

549.4　　　　　　　　　　　　　84002830

網路書店位址　http：//www. sanmin. com. tw

© **共 產 世 界 的 變 遷**
——四個共黨政權的比較

著作人　吳玉山
發行人　劉仲文
著作財
產權人　東大圖書股份有限公司
　　　　臺北市復興北路386號
發行所　東大圖書股份有限公司
　　　　地址／臺北市復興北路386號
　　　　電話／(02)25006600
　　　　郵撥／0107175－0
印刷所　東大圖書股份有限公司
門市部　復北店／臺北市復興北路386號
　　　　重南店／臺北市重慶南路一段61號
初版一刷　1995年4月
初版三刷　2004年8月
編　號　E 620340
基本定價　參元肆角
行政院新聞局登記證局版臺業字第○一九七號

有著作權‧不准侵害

ISBN　957－19－1850－4　（平裝）

Dorothy Solinger)，聖地牙哥加州大學的羅德教授 (Prof. Philip Roeder)，和哈佛大學的魏德娜教授 (Prof. Jennifer Widner) 評論了這兩篇論文，給了我很多有用的建議。我也要感謝臺大政治系的蔡政文教授，他從我在大學的時代起就鼓勵我開拓國際的眼光，繼續向學術上發展。臺大政治系的許慶復主任，在我回國的三年多來，給我亦師亦友的關心和照顧。政大俄羅斯研究所的趙春山所長，鼓勵我繼續對俄羅斯的研究。政大國關中心的畢英賢老師和洪茂雄老師，對於我這個俄羅斯和東歐研究的後進，給予肯定和協助。

　　在這本書的寫作期間，我的妻子慧君在家中給了我最大的支持。她使得我能夠下定決心，心無旁騖地將多年的研究心得寫成回國後的第一本中文專書。可愛的小安琪，用她的童言童語，化解了我在寫作期間的壓力，讓她「最愛打電腦的爸爸」，一鼓作氣地完成了這一部著作。臺大政研所的蘇永耀和周慧君同學，幫忙製作了本書的參考文獻，並且參與全書的校對，在此謝謝他們。

　　我尤其要感謝東大圖書公司的劉振強董事長，能夠支持本書出版。這是一本嚴謹的學術著作，並不是坊間暢銷書的類型。劉董事長鼓勵學術的心情，作者在此特表敬佩。

　　最後，我願意將本書獻給我的母親，馬均權女士，她如果仍在世上，想必會為她最疼愛的么兒出書感到高興吧。

吳玉山

於臺大法學院

民國八十四年二月

自　　序

　　從 1970 年代末期以來，共產主義國家的內部發生了巨大的變動，影響了全世界。到今天，我們可以很清楚地看出來，歐洲和亞洲的共黨政權已經走上了全然不同的道路。在歐洲，不論是蘇聯或東歐，共產黨在世界民主化浪潮的衝擊下，一個個土崩瓦解。然而在亞洲，共黨政權卻能夠成功地抵抗民主化的潮流，維持一黨專政的統治。究竟是什麼原因造成這個巨大的差異呢？

　　本書檢討了目前學術界的各種理論，然後提出了「改良式的危機途徑」，來解釋共產世界的分歧發展。爲了解釋這個現象，在歐洲的共產主義國家中，我選擇了蘇聯和匈牙利，在亞洲的共產國家中，我選擇了中國大陸和越南，來做比較研究。結果發現不同共產主義國家的危機背景，改革策略和菁英對策決定了它們不同的命運。

　　在十三年前，當作者在臺大求學的時候，開始對俄羅斯產生了濃厚的興趣，並且學習俄文，研讀相關的書籍。後來在政大東亞所修習了中共研究的課程。接下來在美國柏克萊加州大學負笈七年，專攻比較共產主義，並開始研究東歐各國的政治經濟發展。這些年所受的學術訓練，使得我常用比較的眼光，來研究共產主義國家。我發現把視野拉開，觀察不同共產主義國家的狀況，能夠對個別的國家產生更深入的了解。

對中國人而言，我們自然關切中共政權的命運。然而要了解北京共黨政權的變化，決不能只憑著觀察中南海的權力鬥爭，或是中國大陸的經濟波動。中共政權是許多共黨政權當中的一個，它除了有自己的獨特性之外，也與世界上其他的共黨政權有許多相似之處。對研究比較政治的學者而言，這是一個絕佳的研究環境。他們可以從各個共黨政權發展的相同和相異處當中，得出規律，建構理論，然後再回過頭來，用更深入的眼光，來解釋中國大陸的政治經濟現象。這就是本書採取比較研究途徑的原因，關心中國大陸政治變化的讀者，可以從本書當中獲得一個新的理解。

我要感謝我的父親，吳俊才博士，他對於印度和東南亞史的開創性研究，爲我樹立了典範，並且引導我向學術發展。臺大政治系的魏守嶽老師開啓了我研究俄羅斯和蘇聯的興趣。政大東亞所的尹慶耀老師指導了我的碩士論文，〈列寧主義意識形態之研究〉，讓我在比較共產主義的領域裡，跨出了第一步。柏克萊加州大學政治系的施伯樂教授（Prof. Robert Scalapino）、羅德明教授（Prof. Lowell Dittmer）和詹鶽教授（Prof. Chalmers Johnson）指導我在中共研究的領域內更進一步。柏克萊加州大學經濟系的泰森教授（Prof. Laura Tyson）引導我進入東歐政治經濟的研究領域。哥倫比亞大學的溫克勒教授（Prof. Edwin A. Winckler）鼓勵我在美國政治學會發表兩篇有關共產主義國家政治轉型的論文，構成本書的概念基礎。爾灣加州大學的蘇道銳教授（Prof.

共產世界的變遷
——四個共黨政權的比較

目　次

第一章　緒論——一場翻天覆地的劇變

　　東歐和蘇聯共產政權的瓦解是二十世紀後半葉人類歷史上最重大的事件。共產主義的意識形態從十九世紀開始逐漸積聚力量，並在 1917 年透過俄羅斯的二月革命第一次掌握政權。共產主義在二十世紀的發展極其迅速。第二次世界大戰納粹德國對蘇聯的侵略構成了對共產主義最嚴重的挑戰，但是大戰末軸心國家的潰敗也賦予了共產主義振興和擴張的機會。從 1945 年到 1949 年，蘇聯式的共產主義政權在東歐和亞洲的廣袤大地上一個接一個地迅速建立，和西方國家分庭抗禮，將世界的政治局面重新寫過。

　　共產世界的興起迅速，它的崩潰瓦解更是令人目不暇給。從 1989 年六月波蘭國會選舉共黨大敗開始，九月匈牙利圓桌會議決定實行全面的多黨民主，十月柏林圍牆倒塌，十一月保加利亞共黨主動向社會力量讓步，決定推行民主，而捷克斯洛伐克也產生了推翻共黨統治的「絲絨革命」，十二月羅馬尼亞爆發流血抗暴事件，共黨獨裁者喬賽斯古（Nicolae Ceausescu）被叛變的將領處死。第二年（1990）南斯拉夫六個共和國相繼舉行民主選舉，除了塞爾維亞和蒙地內哥羅之外，共黨都失去執政的權力。年底阿爾巴尼亞爆發天安門式的學生民主運動，迫使阿共在第二年向民主壓力屈服。在 1991 年八月，蘇聯保守勢力想要去除共黨改革派的總書記戈巴契夫（Mikhail Gorbachev），發動了軍事政變。但是民主派在葉爾欽（Boris Yel'tsin）的領導下，迅速剷除了政變的力量，架空了從黑海大難歸來的戈巴契夫。十二月八日俄羅斯的葉爾欽和烏克蘭的克拉夫邱克（Leonid Kravchuk），以及白俄羅斯的舒斯凱維支（Stanislau Shushkevich）宣布蘇聯解體，獨立國協成立。在短短的兩年之間（1989～1991），東歐和蘇聯的共黨政權如骨牌般地一一倒下，蘇聯也步上亡國之途，崩解成十五個新興的獨立國家。

然而在亞洲，除了外蒙效法蘇聯模式，由上而下地推動民主改革之外，中國大陸，越南和北韓的共黨政權卻在舉世的民主浪潮中屹立不搖，絲毫不向社會要求政治開放的壓力屈服。歐洲和亞洲的共黨政權顯然走上了不同的道路。不過亞洲的共黨統治彼此間卻有很大的分別。例如鄧小平和金日成是截然不同的政治人物，他們所開創和領導的制度更是南轅北轍，結果卻都能有效地抗拒民主的潮流。

看到共產主義國家這種翻天覆地的變動，我們禁不住要問：為什麼東歐和蘇聯的共黨政權在過去的四十年(在蘇聯是七十年)中維持了長期的政治穩定，卻在 1989 到 1991 短短的兩年內如摧枯拉朽般地土崩瓦解？為什麼亞洲的共黨政權獨能抗拒世界的民主潮流？中國大陸－越南式的共黨政權和北韓式的共黨政權究竟有什麼不同？他們抗拒民主化的前景又如何？

　　作者過去連續幾年參加美國政治學會的年會，和研究共黨問題的學者討論上述的問題，深深地感到學術界對共產主義國家的劇變並沒有歸納出一個一般性的理論。許多的學術著作是敍述性、國別性的，並沒有建立一般理論的意向。即使想做比較研究的學者也鮮有將歐洲和亞洲共黨政權同時加以觀察。有人覺得不能將蘇聯、中國大陸和波蘭等國家做比較，因爲雖然它們都經歷共黨統治，但在社會、文化和經濟發展方面差別都很大。有人認爲當今之務首在做（前）共產主義國家政治和經濟轉型的研究，至於 1989 到 1991 年的變動可留待歷史學家在塵埃落定、資料齊備之後再細細探求。這些觀點作者都不能贊同。

　　共黨政權是一種特殊類型的政權。固然它在各國落地生根，發展出各別特色，但各個共黨政權之間仍有許多共同之處。舉例來說，研究中國大陸的學者可能會認爲文化大革命是一個獨特的中國現象，是源遠流長的帝王觀念，封建思想，或是黃土高原小農制的經濟形態所帶來的巨大災難。可是在看過各個共產主義國家政治發展的歷史之後，我們會發現文革所反映的是共黨政權發展過程中的極權主義（totalitarianism）階段。這個階段在蘇聯和東歐各國都可以清楚地看到。在北韓，直到金日成死亡之前，仍是處於這個階段。

　　共黨政權間的相似性提供了比較的基礎，更提供了建立理論的前提。一群具有若干制度上和發展上相似性的政治體系，如何會有顯著不同的發展結局？這顯然不是因爲其相同的特質而產生的，而是由其彼此間相異的特質造成的。把重要的相異性獨立出來，探求它們和發展結局之間的關聯，構做假說，再用歷史事實檢證，便是產生理論的方法。從這個觀點來看，說各共產主義國家有文化上的差距，因此無法加以比較，是不能成立的。

在共產主義國家的政治發展中，我們可以發現豐富的理論資源。運用這些理論資源，我們可以對過去做解釋，對未來做預測。以往比較共產主義（comparative communism）的學術研究對「一九八九之秋」的劇變提不出有效的理論解釋，今日我們必須將理論創新，用最近的歷史事件加以修正補充，而不能將一九八九一筆帶過，推給歷史學家。如果我們現在不發展新理論，不去探討、了解和匡正舊理論的失誤，我們如何能掌握住（前）共產主義國家的轉型現況，又如何能作出有效的推論？

作者長期以來運用比較政治的研究途徑來研究共產主義國家的政治經濟發展。我深深認爲惟有拉開比較的視野，才能眞正深入對各國的了解。基於這個理念，我的第一本書《比較經濟轉型：中國大陸，匈牙利，蘇聯和臺灣》（*Comparative Economic Transformations: Mainland China, Hungary, the Soviet Union, and Taiwan*. Stanford: Stanford University Press, 1994）便是用比較的觀點討論在威權體制下的經濟轉型。那本書以 1960 年代的匈牙利，1920 年代的蘇聯，和 1950 年代的臺灣爲史例，來和中國大陸從 1984 年開始的工業改革做比較。這個嘗試，使得我更加肯定比較途徑的有效性。在本書中，我的研究重心從一定政治體制下的經濟改革轉移到政治變遷上來。我所關切的對象是共產主義國家的政治發展。我的研究重點是 1989 到

1991 年在這些國家中所產生的劇烈政治變動。我的目的是發展出一個一般性的理論，來解釋爲什麼歐洲的共產政權在維持了數十年的高度穩定後，卻在 1989 年一夕之間崩潰；爲什麼「一九八九革命」在歐洲發生，卻沒有在亞洲發生。

　　這本書一共分爲六章。第一章是緒論。第二章檢討了有關共產主義國家政治發展的文獻，提出了現存理論的困局。第三章提出危機途徑的分析架構，並且標明了八種共黨政權的發展路徑。第四章是用上述的理論檢驗蘇聯的崩解過程和匈牙利的民主改革。第五章將重心轉移到亞洲，探討中國大陸和越南的政治變遷。第六章是總結。書中所挑選的四個國家，自然不能夠包括共黨政權政治發展的所有形態，但是它們確實代表了重要的變遷類型，可以讓我們初步驗證在第三章中所提出的危機途徑。

　　這是一個大膽的嘗試。每一位對個別共產主義國家政治經濟發展狀況熟悉的讀者，都有可能對本書的個案研究和理論架構提出批評。然而我認爲這也是一個值得的嘗試。從 1989 年到今天，共產政權的各種發展途徑都已經相當明白地展現出來。現在是做一個總結的時候了。

第二章 現存理論的困局

　　從 1989 年天安門事件和東歐民主化到今天已經有六年了。我們回顧學術界對共產主義國家政治發展的解釋，發現各種理論百家爭鳴，但都有所欠缺。這些理論基本上可以分為兩類，一類強調事件發生的前提（preconditions），一類強調事件的過程（process）。這兩類理論在政治發展（political development）和民主化（democratization）的文獻中是相互競爭的兩種方法論。它們的重點各有不同。前提的研究法特別強調總體的政治社會因素，例如階級結構，然後把它和政治發展的結果關聯起來，這是傳統的研究典範。至於過程的研究法則主張政治變遷的結局沒有辦法用一個國家經濟，社會，文化等的條件來決定；行為者的策略，彼此間互動的模式，事件發生的順序等對政治發展的過程都會產生影響。

　　前提途徑的理論大約可分為四群。它們是經濟社會理論，政治文化理論，國家自主理論，和國際影響理論。這四群理論，加上過程途徑，構成五種解釋共產主義國家政治變遷的主要學說。以下我們將逐一檢視這些理論和學說，看看它們對於 1989 年的變局以及此後歐亞共產政權的分途發展是否具有充分的解釋力。

第一節　經濟社會理論

　　這類理論有兩種不同的類型。一種是強調經濟發展以及由其所帶來的社會變遷會產生要求民主的壓力。另一種則是主張人們的經濟生活境遇決定了他們對政權的態度，因此當共產國家的社會主義計劃經濟沒有辦法滿足人民的物質需求的時候，民主的壓力就大增，蓋在共產主義國家人民所羨慕的西方各國，豐富的物質生活都是伴隨著民主的政治體制。第一種經濟社會理論強調的是一種長期性的，由經濟發展所帶來的政治文化變遷，通常被稱爲現代化理論(modernization theory)，民主在此被視爲一種內在的價值。第二種經濟社會理論則以民主爲一種工具，是達到豐裕物質生活的手段。成功的經濟發展帶來前一種要求民主的壓力。失敗的經濟政策則帶來後一種壓力。

　　認爲經濟發展會帶來民主是現代化理論的一貫思路。從政治經濟學的鼻祖 Adam Smith，英國的社會學大師 Herbert Spencer，將歐洲社會學傳入美國的 Talcott Parsons，政治社會學著名學者 Seymour Martin Lipset，到專研民主化的當代政治學大師 Samuel Huntington，無一不認爲經濟的發展會帶來社會的劇烈變遷，價值的多元化，以及用民主制度整合各種利益的要求。❶一般來說，這些理論所強調的是經濟社會結構和政治制度之間的關聯。它們認爲先進的工業科技要求一定的制度設計，否則無法發揮功能。一個複雜的，高度工業化的社會必然會要求多元的，民主的政治體系。在諸多用現代化模式來解釋共產國家政治變遷的理論當中，最著名的首推羅文滔（Richard Lowenthal）的「發展對烏托邦」（development vs. utopia）。根據他的觀點，國家發展的必要性終於會壓倒革命的理想主義，共黨對烏托邦意識形態的執著終會不敵經濟發展的需求。現代化和西方化是所有想要發展的國家所必須採取的途徑，因此共產國家的政治體制終不免要向自由化和多元化轉型。❷依循著這個思路，列文（Moshe Lewin）認爲工業化和城市化將蘇聯逐步推向多元社會。在《戈巴契夫現象——一個歷史的詮釋》（*The Gorbachev Phenomenon: A Historical Interpretation*）當中，列文認爲蘇聯城市的興起，帶來了越來越多的專業人士和知識分子，即使是共產黨的幹部也現代化了。列文發現「民間社會」（civil society）逐漸在蘇聯出現，造成國家權力的弱化。彼謂：「城市是民主的搖籃」，

---

❶關於現代化理論的發展，可參考 Andrew C. Janos, *Politics and Paradigms: Changing Theories of Change in Social Science* (Stanford: Stanford University Press, 1986), ch.1,2.

❷參見 Richard Lowenthal, "Development vs. Utopia in Communist Policy," in Chalmers Johnson, ed., *Change in Communist Systems* (Stanford: Stanford University Press, 1970); 以及其"On 'Established' Communist Party Regimes," *Studies in Comparative Communsim*, vol. 7, no. 4 (1974), pp. 335~358; 和 "The Post-Revolutionary Phase in China and Russia," *Studies in Comparative Communism*, vol. 16, no. 3 (1983), pp. 191~201.

可說是此一途徑的最佳說明。❸而 Lucian Pye 在 1989 年美國政治學會的年會中，以會長身分所做的演說中，更明白地指出社會主義國家的劇變使「現代化理論終於獲得了證明」（the vindication of modernization theory）❹。

將現代化理論適用於東歐有一個特殊的困難，那就是這個理論通常假設中產階級（bourgeoisie）是推動民主化的主力。現代化帶來了中產階級的興起，而中產階級自發地產生了對民主的要求。例如 Barrington Moore 在其名著《獨裁與民主的社會根源》（*Social Origins of Dictatorship and Democracy*）❺中即以獨立而強大的中產階級作為民主出現的必要條件。然而在共黨統治下的國家，一切重要的生產工具都歸國有，並沒有真正的中產階級。蘇聯模式的現代化是以社會主義公有制和五年計劃達成的，而不是依靠私有制和市場。財產權的不同使得東歐缺乏歷史上在西方推動民主化的主要階級。❻這似乎意味著在列寧主義制度之下民主將難以發軔。可是事實並非如此。舉例來說，東歐民

---

❸見 Moshe Lewin, *The Gorbachev Phenomenon* (Berkeley: University of California Press, 1991).

❹ Lucian W. Pye, "Political Science and the Crisis of Authoritarianism," *American Political Science Review*, vol. 84, no.1 (March 1990), pp. 3～19.

❺ Barrington Moore, *Social Origins of Dictatorship and Democracy* (Boston: Beacon, 1966).

❻ Paul G. Lewis, "Democratization in Eastern Europe," *Coexistence,* no.27 (1990), p. 253.

主運動的先行者——波蘭的團結工聯（Solidarity）——正是產業工人在知識分子的帶動下為實現民主所成立的組織。從這裡可以看出，現代化理論必須捨棄將中產階級作為民主唯一動力泉源的說法，而將現代化對各階層的影響都納入其理論之內，方有可能解釋共產主義國家政治變遷的現象。

如果我們暫時把誰是民主制度的創造者這個問題擺在一邊，現代化理論似乎可以解釋為何不同國家的共黨政權會走上不同的路徑。舉例來說，東歐的北三國（波蘭，匈牙利和捷克斯洛伐克）經濟發展的程度最高，而這三個國家的共產黨要不是本身發動了民主改革，不然就是在社會的壓力底下迅速屈服，幾乎完全沒有反抗。然而在南方的巴爾幹半島，經濟發展程度遠比北三國來得低，對民主運動的反抗也要強烈的多。羅馬尼亞在巴爾幹諸國中經濟發展程度僅略高於阿爾巴尼亞，而落後於南斯拉夫和保加利亞。在 1989 年，就是在羅馬尼亞，喬賽斯古（Nicolae Ceausescu）的獨裁政權用武力血腥鎮壓民運，拼戰到最後一刻。羅馬尼亞的例子，可以視為經濟落後地區共黨政權面對民主化壓力的反應模式。

這種理論也可以用到亞洲。北韓，中國大陸和越南都是落後的開發中國家。就平均國民生產毛額來說，這三個亞洲的共產主義國家比較羅馬尼亞還要低。經濟落後代表工業化和城市化不普遍，人民的教育水準低，知識分子少，共產黨的幹部也比較僵化教條。東歐和蘇聯大部分的共黨政權或是發動從上到下的政治改革，或是迅速地向社會要求民主的壓力屈服。除了羅馬尼亞等少數的例子外，沒有看到武力鎮壓的情況。其原因應該是在這些國家民間社會已經伴隨經濟發展而逐漸成長，使得共黨政權喪失了強力鎮壓的意志和能力。然而，在中國大陸，就在民主浪潮席捲東歐的前夕，發生了天安門事件。中國共產黨不恤民命，血腥鎮壓，大肆搜捕民運分子，成功地鞏固了政權。由此可以看到中國大陸上民間社會的虛弱。不少論者認爲大陸的政治局勢能保持穩定的原因是佔人口多數的農民不響應城市知識分子的訴求。由這裡我們可以清楚地看出經濟發展的程度對民主化所可能造成的影響。至於北韓和越南，社會力量更爲幼稚，至今沒有看到任何對共黨政權的嚴重挑戰。

對現代化論者而言，缺乏經濟發展會阻礙民主；然而快速的經濟成長卻可以開創民主的契機。中國大陸在這一方面表現最爲突出，而越南也緊追其後。大陸近年來兩位數的經濟成長使得不少學者認爲自由化和民主化終於會在大陸實現。懷特（Gorden White）的《騎虎難下》（*Riding the Tiger: The Politics of Economic Reform in Post-Mao China*）便是這種說法的代表。❼懷特依據現代化理論的傳統看法，認爲大陸的經濟改革已經造成了社會階層的分化，以及意見的多元化。人們的期望不斷升高，新的社會團體逐漸興起，民間社會的力量也日益壯大。雖然我們對大陸目前政治局勢的走向不能妄下斷語，但是從長期來看，中

---

❼ Gorden White, *Riding the Tiger: The Politics of Economic Reform in Post-Mao China* (Stanford: Stanford University Press, 1993).

國大陸的民主前景是光明的。古德曼（David Goodman）的預測
則更爲樂觀。他認爲「生產的驅策」（production imperative）
會使得亞洲的共產主義國家大幅度地修正他們的計劃經濟，採用
資本主義的方法，其結果必然是建立利益表達的管道，成立自由
民主的制度。❽

　　在美國是否應該給予中國大陸最惠國待遇（most-favored-
nation status）的論戰當中，現代化理論的說法也甚囂塵上。根
據這種說法，最惠國待遇可以使得大陸的經濟繼續快速發展，最
後社會上終於會產生要求自由化和民主化的壓力。因此李潔明
（James R. Lilley）便認爲美國不能取消中國大陸的最惠國待
遇。他以爲在亞洲各國推翻威權主義，實行自由民主最重要的力
量便是一個不斷茁壯的，受過良好教育，擁有廣闊視野的中產階
級。這個階級在經濟上站立起來之後便會向國家要求政治權力。
只要美國和中國大陸繼續發展經濟關係，遲早中共的市場化改革
會帶來中產階級的興起，以及廣泛的政治改革。❾這顯然是現代

---

❽ David S. G. Goodman, "Communism in East Asia: The Produc-
tion Imperative, Legitimacy and Reform," in Goodman, ed.,
Communism and Reform in East Asia (London: Frank Cass,
1988).

❾ James R. Lilley, "Trade and the Waking Giant--China, Asia,
and the American Engagement," in James R. Lilley and Wendell
L. Willkie II, eds., *Beyond MFN: Trade with China and Amer-
ican Interests* (Washington, D.C.: The American Enterprise
Institute Press, 1994), p. 53.

化理論的論調。

經社條件對民主化的影響並不止於現代化論者所述一途。在蘇聯和東歐,經濟成長的趨緩以及物質生活的困窘確實是一般人民對體制失去信心的重要因素。許多學者提出,中央計劃經濟(centrally planned economy)在各種生產因素尚未充分動員的外延式成長時期(extensive growth period)確實可以用強制的方式調動因素,帶來高速度的經濟成長。可是一旦生產因素已經充分就業,經濟成長就必須仰賴於生產力的不斷提高,這是內涵式成長時期(intensive growth period)的必然現象。東歐各國在 1950 和 1960 年代逐漸進入內涵式成長時期,但是中央計劃經濟在配置資源,激勵工作熱忱,傳遞信息和創新生產科技等方面都沒有市場經濟和私有制來的有效率。❿於是生產力不見提高,而經濟成長也漸次趨緩。在此期間,蘇聯的低價能源供應,以及西方的大量借貸都曾發生延緩經濟危機到來的效用。但是到了 1980 年代末期,從蘇聯以降,各社會主義國家普遍遭受經濟衰退的衝擊。這種狀況在和西歐各國對比之後,顯得益形嚴重。由於東歐共產政權始終無法以體制內的改革來挽救其經濟❶,人民終於要求推翻共產制度。Nigel Swain 便採取這個途徑。Swain 是一個同情社會主義的左派經濟學者,但是也不得不承認匈牙利

---

❿W. W. Rostow, "Eastern Europe and the Soviet Union: A Technological Time Warp," in Daniel Chirot, ed., *The Crisis of Leninism and the Decline of the Left* (Seattle: University of Washington Press, 1991).

共黨政權的崩潰是由於社會主義制度所帶來的經濟危機。⓬在各東歐共黨政權當中，匈牙利和波蘭是民主化改革的先行者，而他們的經濟狀況也特別嚴重。相反地，東德，捷克斯洛伐克和保加利亞的經濟在東歐相對說來是較好的，而他們的共黨領導階層起初也比較少感受到民間要求政治改革的壓力。從這裡可以看出，經濟狀況和政治改革之間的確有密切的聯繫。

蘇聯和東歐的例子說明了經濟狀況的惡化促使人民對共黨政權採取反對的態度。這個命題反過來看正好可以解釋中共政權的相對穩定，也就是，在中國大陸上實行的經濟改革帶來了高速的經濟成長，從而挽救了中共政權的命運。這個看法在 1992 年以後經由鄧小平的堅持，逐漸成爲中共的官方理解。事實上，正是由於這個理解，促成了鄧小平的南巡，和中國大陸上第二波的工業改革。⓭

⓫Richard E. Ericson, "The Classical Soviet-Type Economy: Nature of the System and Implications for Reform," *Journal of Economic Perspective*, vol. 5, no. 4 (Fall 1991), pp. 11~27; Thomas A. Wolf, "The Lessons of Limited Market-Oriented Reform," *Journal of Economic Perspective*, vol. 5, no. 4 (Fall 1991), pp. 45-58.

⓬Nigel Swain, *Hungary: The Rise and Fall of Feasible Socialism* (London: Verso, 1992).

⓭Jialin Zhang, "China's Response to the Downfall of Communism in Eastern Europe and the Soviet Union," Essays in Public Policy (Stanford: Hoover Institution, Stanford University Press, 1994).

　　如果現代化和經濟衰退都可以刺激人民對民主的要求，那麼在成功的現代化（經濟長期成長，都市化及工業化，大眾傳播普及，教育水準提高）之後如果出現經濟狀況的惡化，將會觸動長短期兩種對民主的要求，造成對現政權最大的壓力。蘇聯和東歐各國即普遍具有這個背景。這兩種趨勢可能有不同的承載者（carrier）。因為現代化而產生的民主要求很可能主要表現在知識分子和專業人士身上。而因為本國經濟衰敗和豔羨西方的物質生活而追求民主的，可能主要是工農大眾。因此所謂兩種民主要求的匯合，其實是指社會上的不同階層為了不同的經社因素而同時追求民主。波蘭從 1976 年開始有知識分子和工人的結合❹，最後造就了團結工聯，推翻了波共政權。這兩股民主力量的背後，就反映了兩種經社條件的作用。

　　經濟社會條件當然會影響人們的政治行為。但是外在物質環境仍然必須經過行為者的主觀詮釋才能構成行為的動機。文化在此顯然扮演一個重要的角色。

---

❹Jacques Rupnik, "Dissent in Poland, 1968〜78: the End of Revisionism and the Rebirth of Civil Society," in Rudolf Tokes, ed., *Opposition in Eastern Europe* (Baltimore: The Johns Hopkins University Press, 1979).

第二節　政治文化理論

　　乍看之下，用文化理論來解釋共產主義國家的政治變遷有其先天上的困難。❶愛克斯坦（Harry Eckstein）曾經很清楚地指出文化途徑視政治穩定為常態，變遷為例外。由於文化的特性就是改變緩慢，拿不變的文化來解釋政治變遷自不免格格不入。❶然而許多學者發現在共產主義國家，政治文化與政治變遷之間仍有很大的關聯性。

　　文化論者認為惟有政治文化和政治制度相契合，才會有政治穩定。各國的共產黨在掌握住政權之後，雖然努力將共產主義的意識形態灌輸到人民心中，但是一般的效用並不大。如果一國的傳統政治文化和共產主義的價值體系劇烈衝突，則縱然共產主義制度可以由外力強加於一時，一旦外力減弱，共黨統治便會被迅速推翻。這是因為文化的變遷既然緩慢，在實存的政治文化和新建立的政治體系之間必然存在持續性的衝突。如果官方的意識形態沒有辦法真正深入人心，這個矛盾就會成為下一次劇烈政治變

---

❶文化論者認為政治文化是由各種社會化的途徑學習獲得，其意義在於導引（orient）個人的行為。人在各種情境之下，不是直接對刺激做反應，而是透過文化所賦予的意義（認知，情感，評價）來決定其行為。

❶Harry Eckstein, "A Culturalist Theory of Political Change," *American Political Science Review*, vol. 82, no. 3 (September 1988), p. 790.

遷的種子。

用政治文化的理論來理解共產政權的演變主要包含兩個觀點：一個是官方意識形態的破產，一個是本國政治文化的復興。❼採用第一個觀點的多半是東歐學者(例如 Agnes Horvath and Arpad Szakolczai ❽及 Adam Przeworski ❾)或者是西方學者但主要引用東歐人士的看法（例如 Giuseppe Di Palma ❿）。他們對於合法性的問題尤其注意。在他們看來，共黨的意識形態最初確有若干賦予政權合法性的作用，此時共產黨人對他們的統治視為當然。這是由上到下的合法化（legitimation from the top）。一般人民雖不願接受共黨的統治，但只要統治者相信本身權力的正當性，此一體系仍可維繫。只不過一旦當統治的共黨菁英本身也不再相信官方的意識形態，或是當共黨領袖將其意識形態作了重大修正，致使共黨壟斷政權的合法性不再存在的時候

❼李英明，《文化意識形態的危機：蘇聯、東歐、中共的轉變》（臺北：時報文化，民國 81 年）。

❽Agnes Horvath and Arpad Szakolczai, *The Dissolution of Communist Power: The Case of Hungary* (London: Routledge, 1992).

❾Adam Przeworski, *Democracy and the Market: Political and Economic Reforms in Eastern Europe and Latin America* (Cambridge: Cambridge University Press, 1991).

❿Giuseppe Di Palma, "Legitimation from the Top to Civil Society: Politico-Cultural Change in Eastern Europe," *World Politics*, vol. 44, no.1 (October 1991), pp. 49-80; and Giuseppe Di Palma, "Why Democracy Can Work in Eastern Europe," *Journal of Democracy*, vol. 2, no. 1 (Winter 1991), pp. 21-31.

❹，他們就喪失了強制鎮壓反對力量的意志。一般人民由於長期被迫說謊，言行不一，心理壓力極大，亟思擺脫此種困局，故在統治者力量削弱的時候，自會起而反抗。人心對眞理（truth）的渴望，以及對過道德生活的自然需求，使得共黨統治的基礎為之崩潰。❷這種現象在東歐各國普遍存在，不過表現地最清楚的是波蘭。在波蘭，共黨統治的權威早在 1989 年之前便已崩潰，波共是靠物質利益和強制力量勉強維持住政權。當曾在 1981 年領導實施戒嚴，鎮壓團結工聯的賈魯塞斯基將軍（General Wojciech

---

❹例如 Nikita Khrushchev 在蘇共第二十大所做的貶史演說就對共黨意識形態產生了極其重大的影響，見 Ken Jowitt, *New World Disorder*(Berkeley: University of California Press, 1992). Jowitt 原本以列寧主義的自然演進階段分析著稱，他將一個列寧主義政權的發展階段分為轉型（transformation），即肅清反側，求取軍事和政治上的勝利；鞏固（consolidation），即社會已經臣服，卻尚未被從文化及意識形態上加以徹底改造，而必須加以隔絕和鎮壓；和吸納（inclusion），即社會已被改造，可以被政權所容納。然而在解釋列寧主義的集體滅亡（Leninist extinction)時，Jowitt 卻特別強調 Khrushchev 的修正主義對列寧主義是致命的打擊。關於其理論，見 Ken Jowitt, "Inclusion and Mobilization in European Leninist Regimes," *World Politics*, vol. 28, no. 1 (October 1975), pp. 69～96; "Soviet Neotraditionalism: The Political Corruption of a Leninist Regime," *Soviet Studies*, vol. 35, no. 3 (1983), pp. 275～297.

❷Daniel Chirot, "What Happened in Eastern Europe in 1989," in Daniel Chirot, ed., *The Crisis of Leninism and the Decline of the Left: The Revolutions of 1989* (Seattle: University of Washington Press, 1991).

Jaruzelski）拒絕命令部隊向群眾開火之後，波共就只剩下民主改革之途。

　　和共產黨意識型態破產相對應的是各國本土政治文化的興起。這裡有兩個問題值得注意。第一個是在傳統政治文化中自由主義和民主主義的份量；第二個是各國民族主義和共黨政權相容的程度。前者常被援引來解釋何以捷克斯洛伐克的民主轉型起步地那麼遲，速度卻那麼快，程度上那麼徹底，而過程卻又如此平和。如果不是大眾在心理上早已經有了行使民主的渴望與準備，也就是其政治文化已經是一個發展成熟的民主型政治文化，焉克至此。❷徵諸捷克在歷史上的發展及西歐化的程度，這個論斷無疑具有很大的解釋力。同樣的文化解釋，也可以適用於 1968 年的布拉格之春。當時捷克的經濟改革發展成政治改革，變動的原動力竟然出自於共黨內部。和 1980 年代末蘇聯及匈牙利的政治改革不同的是❷，捷克的統治菁英發動自由化及民主化的目的並非是動員社會力量來打擊保守派，而是順應社會的需求和本身道德的迫促。布拉格之春被視為捷克自十九世紀以來自由化傳統的再一次發皇，是捷克在戰間期第一共和（1918～1938）民主精神的延

---

❷Tony R. Judt, "Metamorphosis: The Democratic Revolution in Czechoslovakia," in Ivo Banac, ed. *Eastern Europe in Revolution* (Ithaca: Cornell University Press, 1992).

❷Yu-Shan Wu, "The Linkage Between Political and Economic Reform in the Socialist Countries: A Supply-Side Explanation," *Annuals*, no. 507 (January 1990), pp. 91-102.

續。㉕

　　這樣看來，如果一國的傳統政治文化和共產主義格格不入，共產政權的穩定性就會受到動搖。然而另一方面，如果一國的傳統政治文化和共產主義的價值體系若合符節，或是和共黨的改革政策相容，則共黨政權的存續能力將大爲增強。這時，即使是民主化的浪潮衝至，共黨統治仍有可能屹立不搖。用這種文化的解釋來看共產主義國家不同型態的政治變遷是極有意義的。先看歐洲，從歷史上來看，自由主義和民主制度是興起於西北歐，然後才逐漸向東歐和南歐擴張。按照這個發展的方向，我們發現在東歐諸國中，北三國的波蘭，捷克斯洛伐克和匈牙利受西方自由主義的影響遠較巴爾幹諸國爲深。這使得北三國在文化上先天就排斥共產制度，時時想要加以推翻。這就是布理辛斯基（Zbigniew Brzezinski）所謂的「有機排斥」。㉖至於巴爾幹半島上的國家長期受階級森嚴的東正教和專制集權的鄂圖曼土耳其帝國的影響，對共產主義的排拒就比較弱。而亞洲國家受到自由民主思想洗禮

㉕David Paul, *The Cultural Limits of Revolutionary Poltics: Change and Continuity in Socialist Czechoslovakia* (New York: Columbia University Press, 1979), ch.5; H. Cordon Skilling, "Czechoslovak Poltical Culture: Pluralism in an International Context," in Archie Brown, ed., *Political Culture and Communist Studies* (Armonk, N.Y.: M.E.Sharpe, 1985).

㉖Zbigniew Brzezinski, *The Grand Failure: The Birth and Death of Communism in the Twentieth Century* (New York: Charles Scribner's Sons, 1989).

的時間比東南歐更晚。在共產主義國家當中，政治文化受西方影響最小的多有集體主義和權威文化的傳統。而共黨統治正是最強調集體價值，貶抑個人主義，和崇尚威權領導的。這樣說來，共產主義和巴爾幹半島及亞洲國家的政治文化頗能相容，使它在這些國家的生存力因而大增。就是這個原因，使得民主化在東歐的北三國進行順利，在巴爾幹半島遭遇阻礙，在亞洲則一籌莫展。共產主義國家的政治變遷因此反映了共產制度和政治文化間的相容程度。

文化論者能解釋八九民運在中國大陸失敗的原因。他們不從大陸的經濟落後，或是缺乏中產階級著手，而是強調中國的封建威權傳統。黎安友（Andrew Nathan）就認為在天安門廣場的學生並不想推翻共產黨的統治，或是建立一個西方式的民主制度。學運的目的是溫和和自制的。學生們的希望其實是寄託在黨內的改革派上。這些特點都符合於中國的「諫諍」的政治傳統。**㉗** 很多中國大陸自己的知識分子也懷疑中國人民究竟有沒有能力實行民主。暢銷大陸的電視劇集「河殤」就很清楚地認定中國大陸的小農文化和現代化格格不入，並使中國人追求自由，平等和民主的努力成空。根據河殤的主要作者蘇曉康的說法，當務之急是「重建中國人民的文化心理結構」。**㉘**

㉗Andrew J. Nathan, *China's Crisis: Dilemmas of Reform and Prospects for Democracy* (New York: Columbia University Press, 1990).

㉘蘇曉康與王魯湘，《河殤》（臺北：風雲時代，1989），頁 6。

　　這樣看起來，中國大陸民主化的展望就沒有現代化理論所想像的那麼樂觀了。大陸當前的改革派已經相當程度地丟棄了過時的意識形態，採取了開明專制的做法。鄧小平的策略是用經濟改革來滿足人們的物質需求，但在政治上仍然維持共產黨的壟斷地位。❷這種做法遠比毛澤東無止盡的運動鬥爭要接近中國傳統的政治文化，也因此易爲大陸人民所接受。布理辛斯基所謂的「將馬列主義有機地吸收（organic absorption）到該國持久的傳統和價值中來」，指的就是這個現象。❸越南和中國的政治文化類似，越共政權的經濟改革和中國大陸上所推行的經改極爲相近，改革的結果也創造了相當醒目的經濟成長，因此越南的共產政權也表現了相當的持續力。在文化論者看來，由於政治文化的變遷緩慢，亞洲共產主義國家的快速經濟發展不會帶來一個要求民主的中產階級，而是會使人民樂於接受改革派共產政權的開明專制。

　　各國本土政治文化中另一個重要的變項是民族主義和共黨政權相容的程度。以東歐的情形而言，對俄國的態度是一個關鍵的因素。大部分的東歐國家在歷史上和俄國交惡，而列寧式的共產主義又源自俄國，因此各國的共黨政權常被視爲莫斯科的傀儡，受到各國人民基於民族主義的反對，波蘭就是最典型的例子。❸1989 年在波蘭的政治劇變，相當程度是波蘭人民抗俄民族主義精

---

❷鄧小平，〈在武昌，深圳，珠海，上海等地的談話要點〉，《鄧小平文選》，
　　第三卷（北京：人民出版社，1994），頁 371，379。
❸參見❷, Brzezinski, *The Grand Failure*, p. 147.

神昂揚的表現。在艾希（Timothy Ash）等人對這些歷史性事件的紀實當中，我們可以很清楚地看到這一點。❸不過保加利亞卻是一個例外。從 1878 年聖斯泰法諾條約開始，俄國就對保加利亞的獨立和擴張多所翼助。所以保國民間對俄國的觀感遠較東歐其他國家爲佳。保共政權因之不會因爲和莫斯科親近而喪失合法性。這也解釋了何以保加利亞在東歐各國中對蘇聯一貫是最順從的。另外在羅馬尼亞和南斯拉夫，喬塞斯古和狄托（Josip Broz Tito）則有效地動員了民族主義的力量，作爲抗拒莫斯科的籌碼。在以上三類的例子中，我們發現當民間和共黨政權對俄國態度一致的時候（民間親俄，政權也親俄；民間反俄，政權也反俄），民族主義和共黨政權相容，政治文化的因素乃傾向於增強政權的合法性。然而當民間和共黨政權對俄國態度不一致的時候（民間反俄，政權親俄），民族主義和共黨政權不相容，政治文化的因素便傾向於削弱政權的合法性。這個觀點也可以幫助我們理解一向走獨立自主路線的中共政權得以抗拒世界民主化浪潮的原因。

政治文化在共黨國家的政治變遷中雖然佔據非常重要的角色，但是政權的合法性卻難以用精確的方法估計出來，這是西方的觀察家多數著重於經濟和社會條件的原因。❸不過政治文化固

❸Joseph Rothschild, *Return to Diversity: A Political History of East Central Europe Since World War II* (New York: Oxford University Press, 1989).

❸Timothy Carton Ash, *The Magic Lantern* (New York: Random House, 1990).

然是一個重要的背景因素，它卻是一個長期存在並且不容易改變的事實。東歐的革命性變遷何以在 1980 年代末發生，而不是早十年或晚十年，顯然必須用對時間更敏感的變項來解釋。

第三節 國家自主理論

比較政治學界從 1980 年代開始發展出許多著重國家自主性的理論。以史考茨柏（Theda Skocpol）為例，她在《喚回國家》（*Bringing the State Back In*）當中對西方學界長期偏重以社會因素來理解政治變遷的態度提出強烈的批評。㉞不過在比較共產主義（study of comparative communism）的研究當中，一開始就是採取國家自主理論。這是因為共產政權對社會表現了高度的自主性，並以徹底改造社會為目標。基於這個了解，Carl J. Friedrich 和 Zbigniew Brzezinski 發展出有名的極權主義模式（totalitarian model）。㉟這個模式固然相當正確地描繪出蘇聯在史達林時期和東歐各國在 1940 年代末以及 1950 年代初的社會實況，但卻沒有提出極權體制如何會發生變化。它所提出的極權

㉝參見㉒, Chirot, "What Happened in Eastern Europe in 1989?", p. 22.

㉞Theda Skocpol, "Bringing the State Back In," *SSRC Intems,* vol. 36, no. 1/2, pp. 1～8.

㉟Carl J. Friedrich and Zbigniew K. Brzezinski, *Totalitarian Dictatorship and Autocracy* (New York: Praeger 1963).

主義症候群：至高無上的領袖，主導一切的意識型態，作爲控制樞紐的黨，恐怖統治，以及對武力，信息，和經濟的全盤壟斷，在史達林死後，程度已經逐漸降低❸。極權主義模式的理論意義，是在於提供一種理念型的政治制度，一個參照點，使我們可以用來描述實際的政治狀況，和估量政治變遷的幅度。此一模式由於掌握住了共產政權的特殊之處，也提供了和其他政治制度比較的基礎。由於有這些學術價值，不少研究者仍然認爲極權主義模式是研究共產主義國家政治最適當的理論。❸

　　繼極權主義模式之後，在國家自主理論當中，出現了如單一組織模式（mono-organizational　model）和團體衝突模式（group conflict model）等新的理論，以反映赫魯雪夫和布里茲涅夫時代蘇聯較爲寬鬆的政治局面，與東歐各國類似的政治變遷。前者以 Allen Kassof ❸，Alfred Meyer ❸和 T.H.Rigby ❹

---

❸Chalmers Johnson, ed., *Change in Communist Systems* (Stanford: Stanford University Press, 1970).

❸William E. Odom, "Soviet Politics and After: Old and New Concepts," *World Politics*, vol. 45, no. 1 (October 1992), pp. 66～98.

❸Allen Kassof, "The Administered Society," *World Politics*, vol. 16, no. 4 (July 1964), pp. 558～575.

❸Alfred Meyer, "USSR, Incorporated," in Donald W. Treedgold, ed., *The Development of the USSR: An Exchange of Views* (Seattle: University of Washington Press, 1964).

❹T. H. Rigby, "Organizational, Traditional, and Market Societies," *World Politics*, vol. 16, no. 4 (July 1964), pp. 539～557.

為重要的代表人物，後者以 Gordon H. Skilling ❹和 Franklyn Griffiths ❷著稱。這些理論雖然較極權政治模式更貼近蘇聯和東歐在後史達林時期的現實狀況，但也跟極權政治模式一樣，缺乏解釋變動的能力。因此一旦戈巴契夫上臺，局勢發生徹底的改變，則理論又不免落於形式之後，無法解釋變動的原因，更無法提出有效的預測。最後有一派持修正主義立場的學者，例如 Stephen F. Cohen ❸，George Breslauer ❹和 Jerry Hough ❺，他們完全排斥極權主義的概念，認為蘇聯的共黨政權已經在體制內逐漸自由化。戈巴契夫初期的表現似乎驗證了這些自由派學者的論調，然而他們無法預見共產體制改革的局限性。1989 年後東歐和蘇聯共產政權的崩潰是這些學者所始料未及的。

在國家自主理論當中，畢艾勒（Seweryn Bialer）有系統地將統治菁英的世代交替和共產政權的政治變遷聯繫在一起。他的

---

❹Gordon H. Skilling, "Interest Groups and Communist Politics," *World Politics*, vol. 18, no. 3 (April 1966), pp. 435～451.

❷Gordon H. Skilling and Franklyn Griffiths, eds., *Interest Groups in Soviet Politics* (Princeton: Princeton University Press, 1971).

❸Stephen F. Cohen, *Rethinking the Soviet Experience: Politics and History Since 1917* (New York: Oxford University Press, 1985).

❹George Breslauer, *Khrushchev and Brezhnev as Leaders: Building Authority in Soviet Politics* (London: George Allen and Unwin, 1982).

❺Jerry Hough, *How the Soviet Union Is Governed* (Cambridge, Massachusetts: Harvard University Press, 1979).

基本假設是菁英的變動是造成政治變動最重要的原因。畢艾勒在其名著 *Stalin's Successors* ❹中，將 1953 年以後蘇聯的巨大變動歸因於史達林的死亡，並預言蘇聯在 1980 年代中必然會產生政治上的另一次劇變。這是因為當時以布里茲涅夫（Leonid Brezhnev）為首的蘇共領導階層是最後一批由史達林拔擢進入高層政治核心的。他們在 30 年代大整肅時以壯齡躋身權力中心，到 80 年代時，雖仍然緊握權力，卻不免老成凋零。高層的人事大換血在共黨政權這種權力高度集中的制度內，必然引發整個體制的重大變動。基於同一個原因，Jerry Hough 在 *Soviet Leadership in Transition* ❹中，詳細地分析了蘇聯各個權力系統中，不同世代間的差距。這些學者都將蘇聯式政治體制的變動和領導菁英的變動聯繫在一起。他們的預測果然被後來由戈巴契夫所領導的激烈政經改革所證實。在匈牙利，卡達（Janos Kadar）在 1988 年退出權力核心，接著匈共就採取了大幅度自由化和民主化的步驟。在中國大陸，毛澤東的死亡標誌著無產階級文化大革命的結束。在越南，1986 年的六大目睹老一輩的革命家（長征，范文同，黎德壽）退出政治局，以阮文靈為首的南方改革派掌握政權，展開了大幅度的經濟和政治改革。❹從這些例子來看，共產政權領

❹Seweryn Bialer, *Stalin's Successors: Leadership, Stability, and Change in the Soviet Union* (Cambridge: Cambridge University Press, 1980).

❹Jerry F. Hough, *Soviet Leadership in Transition* (Washington, D.C.: The Brookings Institution, 1980).

袖的更迭，明顯地會帶來重大的政治變遷。

　　然而領袖人物的改變不一定就代表自由化的改革。例如布里茲涅夫在取代了赫魯雪夫之後，採取了許多保守的措施，反而使蘇聯在許多方面回到了史達林時代。⑲如果我們的問題是究竟在什麼情形下，共產黨才會推行政治改革，那我們就必須把焦點轉移到統治菁英間的權力鬥爭上來。⑳由於共產體制對社會的統治是相當有效的，民主變革在一般的情況下不可能產生。但是在領導菁英因為世代交替或其他的原因（例如是否進行重大的經濟改革）展開劇烈權力鬥爭的時候，競爭權力的各方（通常是較易獲得群眾支持的改革派）有可能以政治改革的方式來發動社會力量，剷除其政敵的勢力。由於共黨領袖對民主沒有內在的信仰，所以他們對政治改革的支持只可能是基於工具性的考量，也就是為了本身在權力鬥爭中獲勝，不惜改變遊戲規則，援引社會勢力，來打倒自己的政敵。㉑蘇聯的戈巴契夫和匈牙利的葛羅斯（Karoly Grosz）都是為了這個原因發動政治改革的。

　　照這樣看起來，共產主義國家自由化和民主化的根源不是經濟和社會的現代化，不是人民對物質生活的不滿，不是共產主義

---

⑱白石昌也著，吳瑞雲、田川雅子譯，《越南：革命與建設之間》（臺北：月旦出版社，1995），頁178～179。

⑲參見㊸, Cohen, *Rethinking the Soviet Experience*, p. 135.

⑳參見㉔, Wu, "The Linkage Between Economic and Political Reformc".

㉑參見㉗, Nathan, *China's Crisis*.

意識形態的破產，不是崇尚個人自由的政治文化，也不是執政的共黨被視爲莫斯科的傀儡，而是共黨內部的派系爲了權力鬥爭的需要而利用政治改革，援引社會力量。然而爲什麼有些國家的共黨會冒險實行政改，有些又堅持共黨壟斷權力的遊戲規則呢？在這裡我們可以比較一下蘇聯和中國大陸的例子。

在 1970 年代末，蘇聯和中國大陸都面臨了經濟成長的困局。傳統的計劃經濟遭遇了瓶頸，沒有辦法在體制內突破。根據國家自主理論的基本假設，兩國最高領導階層的變動帶來了改革的契機。這個狀況先發生在中國大陸（毛澤東死於 1976 年，鄧小平於 1979 年掌握權力），接著也發生在蘇聯（布里茲涅夫死於 1982 年，戈巴契夫於 1985 年掌握政權）。然而大幅度的經濟改革會牽動許多既得利益，帶來很大的反抗力量。鄧小平克服了這些反抗，大膽地推行了經濟改革。戈巴契夫卻採取了我們剛才所指出的途徑，由上而下地發動了政治改革。兩國的改革道路由此分途，終於產生了判然不同的結果。鄧小平和戈巴契夫的不同策略是由於兩人在共黨政權內所處的不同權力地位。在蘇聯，戈巴契夫所面對的是一個集權而保守的中央官僚，使他的「重建」改革計劃（perestroika）處處掣肘。在迫不得已的情況下，他只好冒險訴諸於社會大眾。「公開性」(glasnost')和「民主化」(demokratizat-sia）都是在這個背景下展開的。另一方面，鄧小平在中共政權內的權力地位卻比戈巴契夫優越得多。一方面鄧小平是第一代的共黨領導人，在 1950 年代中共建國之初就是黨的總書記，其黨內的威望遠非戈巴契夫所能比擬。另一方面，中共在文革時代的激進左傾政策對中國大陸的破壞巨大，所以不論是共黨官僚或是一般民眾對於改革都有共識。這種共識在蘇聯並不存在。最後，中國大陸地方分權的程度比蘇聯高，這使得鄧小平能和地方的幹部結合來共同對抗北京的保守官僚。此種聯盟策略讓鄧小平不必冒著失去控制的危險，來進行政治改革，靠著社會力量，來鬥爭保守派。❷在蘇聯，戈巴契夫面對的是一個更為強大的中央官僚，而他又沒有地方力量可以倚靠。「公開性」和「民主化」就變成了他的唯一選擇。總而言之，鄧小平推動了經濟改革，而沒有進行政治改革，因為他擁有足夠的權力在體制內達到他的目的。戈巴契夫則高舉政治改革的大旗，因為他缺乏在體制內推動經濟改革的力量。蘇聯和中國大陸政治發展分道揚鑣的關鍵便在於改革派菁英在政權內的權力地位。

以上這種強調派系鬥爭的國家自主理論讓我們把注意力集中在兩個焦點上。第一個是有沒有政治繼承或其他的原因使共產黨內出現了劇烈的派系鬥爭。第二個是鬥爭的各派系有沒有可能會破壞遊戲規則，利用政治改革來援引社會力量，改變黨內的權力平衡。以中國大陸為例，派系鬥爭的國家自主理論會認為鄧小平的死亡將帶來大陸政治劇變的可能。這是因為一方面鄧小平的繼承危機必然會引發成長改革派和保守官僚派之間劇烈的派系鬥爭。另一方面，發動群眾為六四翻案對激進改革派而言幾乎是一

---

❷Susan Shirk, *The Political Logic of Economic Reform in China* (Berkeley: University of California Press, 1993), ch. 14.

項無可抗拒的誘惑。❸從這種角度來看，鄧小平的死亡極有可能產生像毛澤東死亡一樣的效應。也就是領導階層的更迭，引發劇烈的派系鬥爭，造成社會力量的動員，和政治體系的變遷。

　　經社條件，政治文化和自主國家都是解釋共產政權變遷的重要因素，但是它們都局限於一國疆界之內。在二十世紀末葉，世界上已經找不出任何一個國家可以不受國際環境的巨大影響。在探索 1989 劇變和歐亞共產政權分途發展的原因之時，我們的視野必須要擴及國境之外。

第四節　　國際影響理論

　　國際環境無疑對共產主義國家的政治變遷產生了極其重大的影響。造成影響的機制（mechanisms）一般而言被認為有三類：挑戰（challenge），依賴（dependence），和示範（demonstration）。挑戰指的是因為國際上政治，軍事，和經濟的競爭，促使本國從事政策或制度上的變革。依賴指的是外國藉著對本國的影響和控制，造成本國的政策和制度符合其利益與價值。示範指的是本國眼見外國的進步與發展，因而提升了人民的期待，或學習外國的制度。這三種狀況並不是彼此相互排斥的。通常在一個具體的事例當中，會有不只一種的機制發生作用。

---

❸吳國光與王兆軍，《鄧小平之後的中國：解析十個生死攸關的問題》（臺北：世界書局，1994），頁 84。

　　挑戰的作用在蘇聯的例子中表現得最爲明顯。美國和蘇聯之間在 1970 和 1980 年代所進行的國際競爭常被認爲是促使戈巴契夫改革蘇聯體制最重要的原因。美國雷根總統在 1983 年所提出的星戰計劃（Star War; Strategic Defense Initiative）對蘇聯的軍事工業和經濟造成了極大的壓力。❺日本和東亞新興工業化國家的經濟奇蹟也促使蘇聯醒悟到自身經濟的落後。爲了這些原因，以戈巴契夫爲首的蘇聯領袖充滿了危機意識，深切感覺到必須將蘇聯的制度全盤改過，才能夠面對二十一世紀的國際競爭。

　　挑戰和國際競爭促使蘇聯發動改革，依賴則對東歐各國產生了重大的影響。自從二次大戰結束，東歐各國建立共黨政權以來，莫斯科就透過軍事，政治，經濟和意識形態等各方面的控制將東歐納入由蘇聯所主導的國際共產主義體系當中。此後，每次蘇聯發生重大的領導階層變動和政策更迭，莫斯科就對東歐共黨政權施加壓力，促使各國追隨蘇聯的步調。東歐對蘇聯的依賴，遂造成各國共黨政權對莫斯科的重大路線變動亦步亦趨。雖然從史達林死後，蘇聯對東歐各國的控制較爲放鬆，但是雙方的主從關係

❺Seweryn Bialer, "Domestic and International Forces in the Formation of Gorbachev's Reforms," in *Alexander Dallin and Gail Lapidus, eds., The Soviet System in Crisis* (Boulder, Colo.: Westview, 1991), p. 35；及 W. W. Rostow, "Eastern Europe and the Soviet Union: A Technological Time Warp," in Daniel Chirot, ed., *The Crisis of Leninism and the Decline of the Left* (Seattle: University of Washington Press, 1991), p. 62.

模式並沒有基本的改變。在這種背景之下，戈巴契夫的新政從一開始就對東歐各國布里茲涅夫型的領導人物帶來重大壓力，這就是著名的「戈巴契夫因素」（the Gorbachev Factor）。❺❺戈巴契夫在 1988 年十二月在聯合國宣布從東歐撤軍的演說，在 1989 年六月要求波共接受選舉失敗的電話，以及在十月鼓勵東德共黨二號頭目克倫茲（Egon Krenz）不要服從德共第一書記何內克（Erich Honecker）的命令向萊比錫示威群眾開火的舉動，都非常明顯地產生了決定性的作用。因此蓋提（Charles Gati）在《失敗的集團》（*The Bloc That Failed*）❺❻一書中，即以戈巴契夫為 1989 年東歐革命發生的最主要因素。東歐不僅對蘇聯依賴，從 1970 年代開始，在經濟上也逐漸依賴西方。到了 1989 年，西方國家則藉著大量貸款控制了許多東歐國家的經濟命脈，從而限制了共黨政權面對人民示威時所能採取的政策。從這個理論的角度來說，對蘇聯和西方的雙重依賴是使各國共黨政權遭受巨大壓力，而不得不在關鍵時刻向社會的民主要求讓步屈服的主要因素。

　　示範效應在東歐各國民主變革的浪潮中也發生了重大的影響。最能夠證實示範效應重要性的是這些事件發生的集中程度。艾希（Timothy Ash）曾做過一個著名的觀察。波蘭一共花了十

---

❺❺D. W. Spring, *The Impact of Gorbachev: The First Phase, 1985 ～90* (London: Pinter, 1991).

❺❻Charles Gati, *The Bloc That Failed: Soviet-East European Relations in Transition* (Bloomington: Indiana University Press, 1990).

年才實現民主。同樣的過程在匈牙利費了十個月，在東德是十個星期，而到了捷克斯洛伐克則只需十天。事實上從東德開始，保加利亞，捷克斯洛伐克，和羅馬尼亞的民主變革都是在 1989 年十月到十二月的短短三個月中發生。號稱最具有獨立性的阿爾巴尼亞也不過多支撐了一年。而連蘇聯都不免於在 1991 年底傾覆。如果將蘇東的快速民主化和從 1973 年開始橫亙十年不止的拉美和南歐的民主潮相比，就可以看出示範效應在蘇東事例中的特殊重要性。很明顯地，如果是國內因素佔主導地位的話，民主的浪潮不可能在如此短暫短的時間之內席捲歷史，文化，和經濟發展背景迥異的蘇東各國。

　　示範效應發揮效果的方式是在一個接著一個的東歐國家中帶來了期望昇高的革命，並且使得共黨政權在潮流下失去反抗的意志。例如匈牙利的圓桌談判很清楚地是受到波蘭的影響。又如東德何內克政權的垮臺使得一向以東柏林馬首是瞻的捷克共黨政權頓時喪失抵抗的意志。❺❼在布魯斯特（Laszlo Bruszt）和史塔克（David Stark）對匈牙利民主轉型的討論當中❺❽，指出共黨統治菁英也會相互學習在民主化的潮流當中求生存的模式。例如匈牙

---

❺❼Ivo Banac, "Introduction," in Ivo Banac, ed., *Eastern Europe in Revolution* (Ithaca: Cornell University Press, 1992).

❺❽Laszlo Bruszt and David Stark, "Remaking the Political Field in Hungary: From the Politics of Confrontation to the Politics of Competition," in Ivo Banac, ed., *Eastern Europe in Revolution* (Ithaca: Cornell University Press, 1992).

利的共產黨在改革派掌握政權之後，便急速推動民主改革，希望在反對力量尚未集結之前，憑藉本身的組織力量來獲取第一次民主選舉的勝利。匈共雖然因爲沒有能夠掌握圓桌會議的進度和錯失時機終而喪失政權，仿效匈共的保加利亞共黨改革派卻在第二年的民主大選中獲勝。羅馬尼亞的共黨也在喬塞斯古失敗後以救國陣線的名義推動多黨選舉並且贏得多數，繼續掌握政權。這些都是示範作用的效應。

站在國際影響理論的觀點，國際因素對蘇聯和東歐的自由化和民主化產生了重大的影響，國際因素的欠缺則解釋了亞洲共產主義國家爲什麼能抗拒世界的民主浪潮。例如中國大陸一向走獨立自主的外交路線，北韓的「主體」原則也充分強調民族主義，越南的共黨政權則不斷地和外國強權作戰（日本，法國，美國，中共），民族主義充分昂揚。這些亞洲共產主義國家從來就不像東歐一樣是莫斯科的附庸，也沒有發展出對西方的重大依賴。這表示「戈巴契夫」效應在亞洲的作用有限。固然，中國大陸的天安門事件和蘇聯的改革和西方的自由化思想（中共理解爲「和平演變」）確實有關聯❺❾，不過中共有能力強行鎮壓民運，即顯示出其政權的獨立性。

以上所討論的各種因素（經社環境，政治文化，自主國家和國際影響）都屬於宏觀的條件，是前提途徑，不涉及政治變遷的具體過程。然而，政治變遷的結局難道是由前提條件所命定的嗎？

---

❺❾參見❸, Jialin Zhang, "China's Response."

在此，我們必須看一看過程途徑。

第五節　過程途徑

過程途徑淵源於有關南歐和拉丁美洲軍事政權民主化的理論。主張過程論的學者認爲傳統的典範把前提當成一切，好像事件的結果完全由前提決定；人們不需要作任何事，歷史就會自動向前發展。尤其對從事民主運動的人士來說，傳統的理論太過於決定論。他們無法相信一個國家是否走向民主和自己以及對手的策略毫不相干，而是社會條件在一開始就決定了一切。❻⓿

過程論者對於傳統典範的攻擊確有其見地。不過他們的觀點令人不由想起在二十世紀初期東歐和俄羅斯的馬克思主義者。當時由考茨基（Karl Kautsky）所代表的第二國際正統馬克思主義（orthodox Marxism）主張謹守馬克思生產力決定一切的教條，認爲在東歐和俄羅斯這些生產力不發達的地方，缺乏工業，無產階級人數少，沒有辦法立刻實現社會主義革命。如果相信了這種經濟決定論，共產黨人革命的目標和策略就必須受到很大的限制。爲了突破這個限制，列寧（V. I. Lenin）遂強調職業革命家黨和靈活的策略，認爲在客觀條件不足的地方也可以革命奪權。對列寧這些俄國的共產黨人來說，傳統的馬克思主義太決定論了，沒法子用來指導革命。基於同樣的道理，在 1970 年代，拉

---

❻⓿參見❶⑨, Adam Przeworski, *Democracy and the Market,* p. 96.

美的民主人士許多都盼望推翻軍人政體，實現民主，但發現傳統的前提研究法對民主化的用處有限。民主人士能夠控制的是自己的策略，能夠揣測的是對方的動作，但他們對總體經濟社會文化等的發展程度卻絲毫使不上力。職是之故，他們所喜歡的是讓民主人士有角色可扮演的過程理論。另一方面，建構理論的學者也想提供學說來促進民主改革。這是過程論興起的一個重要背景。

　　由傳統的前提論到新興的過程論是一個典範轉移的例子。我們看國際知名的政治學者奧丹諾（Guillermo O'Donnell）的著作就可以很清楚地發現這一點。在奧丹諾的早期作品，《現代化和官僚威權主義》（*Modernization and Bureaucratic Authoritarianism: Studies in South American Politics*）當中, 毫無疑問地是採取重視前提的傳統途徑。對他來說，威權政體能夠在高速現代化的南美洲出現是有其結構性的因素的。產業升級的要求，階級的構成，和因而產生的政治聯盟使得許多南美洲國家由民主轉成軍人政權。在這裡，政治的結局是由經濟和社會的條件所決定的。❻然而在奧丹諾日後和施密特（Philippe C. Schmitter）與懷海德（Laurence Whitehead）合編的皇皇四卷《從威權統治過渡》（*Transitions from Authoritarian Rule*）當中，他卻

---

❻Guillermo O'Donnell, *Modernization and Bureaucratic Authoritarianism: Study in South American Politics* (Berkeley: Institutue of International Studies, University of California Press, 1979).

強調前提缺乏決定性。❷在《暫定的結論》（*Tentative Conclu-sions*）一書中，作者們認為菁英的心理傾向，策略考慮和彼此間達成的協議大體決定了民主化會不會開端。他們甚至認為統治者想要死後留名的心態可能會促使他不惜一手毀掉自己創立的威權體制。這裡意志論（voluntarism）顯然佔了上風。

舒瓦斯基（Adam Przeworski）是將過程途徑運用到共產主義國家政治變遷的大師，他認為自由化是導因於分裂的威權政體和民間社會自主組織間的互動。❸政權中的改革派想把民間社會裡的新興團體吸納到政治體系中來，好增強本身的地位。這個架構很像我們在國家自主理論中所提到的派系鬥爭模式。但是舒瓦斯基緊接著就提出了他的路徑——依賴分析（path-dependency analysis）。他認為政治自由化無可避免地會使民間團體走上街頭。改革派此時便會面臨一個痛苦的抉擇：要麼是壓制社會力量，而讓強硬派在權力鬥爭中獲勝，並有可能造成社會的反叛；要麼是進一步深化改革，走上民主化的道路，而冒威權體制崩潰的危險。改革派不一定了解社會對其自由化措施所會採取的反應。他們可能估計錯誤，以為自己有控制局勢的能力。但是他們的估計究竟如何，我們沒有辦法事先知道。所以究竟自由化會不會展開，是一個未定數。在採取了自由化的策略，並喚起了社會

---

❷Guillermo O'Donnell, Philippe C. Schmitter, and Laurence Whitehead, eds., *Transitions from Authoritarian Rule (four volumes)* (Baltimore: The Johns Hopkins University Press, 1986).

❸參見⓱, Adam Przeworski, *Democracy and the Market,* p. 57.

的力量之後，改革派會不會向強硬派妥協，還是會繼續走向民主化又是一個未定數。如果向強硬派妥協，社會會順從還是會反叛也沒有辦法事先知道。改革派對每一種結局的偏好列等（preference ordering）又是一個未定數。在行為者的價值和知識都不確定的情形之下，研究人員所唯一能把握的是一個路徑圖，也就是我們不知道在每一個關鍵點行為者會如何決策，但是我們知道一旦他做了特定的決策，則他會面臨一個新的選擇情勢。而且一旦特定的路徑已經採取，就不可能再回頭採取其他的路徑，因此也就封閉了某些特定結局的可能性。

奧丹諾在《從威權統治過渡》（*Transitions from Authoritarian Rule*）中同樣是採用過程途徑，但是提出了更為具體的分析。和舒瓦斯基一樣，奧丹諾區分了四類的行為者：政權中的改革派和強硬派，與反對力量中的溫和派和激進派。他認為促成民主轉型最有利的途徑是使政權中的改革派和反對力量中的溫和派結盟。因此他對民主人士的建議是不要採取激進的立場，以維持和改革派的關係，用漸進的方式來推進自由化和民主化。不過奧丹諾也認為究竟反對力量會不會採取「正確」的戰略是沒有辦法預知的。因此整個政治轉型的結局也是無法預知的。

過程論可以用來分析中國大陸的天安門事件。根據奧丹諾的理論，1989 民運的失敗不是由於大陸上的經濟，社會，文化等條件不足，而是因為學生對黨內的改革派採取了錯誤的策略。當時天安門廣場的學生為了保持民主運動的純潔性，不願意捲入中國共產黨內的派系鬥爭，因而拒絕了改革派總理趙紫陽要求合作的建議，喪失了推動政治改革最好的時機。❻造成這個態勢的基本原因是北京的民主運動被由外地來的激進學生所把持，結果他們的頑固立場使黨內的改革派內外交困，在權力鬥爭中敗下陣來，最後引來了強硬派的血腥鎮壓，改革派也被全面整肅。這一切並不是命定的。學生不同的策略可以帶來完全不同的結果。

蘇聯的經驗也可以用過程論來加以理解。例如波瓦（Russell Bova）認爲戈巴契夫政治生命的起落是「中派崩潰」（the collapse of the political center）的典型例子。❻根據波瓦的說法，在政治轉型的初期，改革者對強硬派和政權外的反對勢力都具有優勢。此時改革派面對黨內的保守勢力可以用惡化的經濟局勢等迫切問題等來證明改革的必要性。另一方面由於反對勢力尚未構成氣候，改革派似乎能充分地掌握局勢，保守派也缺乏反對改革的理由。至於社會上的反對力量，因爲尚需改革派爲他們抗拒保守派的鎮壓傾向，而改革派隨時都可以取消自由化的措施，所以不可能採取激進的立場。在蘇聯，戈巴契夫從 1985 到 1988 年基本上就是處於這個有利的中間位置，一手利用社會力量，一手箝制黨內的保守勢力。

但是在政治轉型的中後期，中間地位會逐漸由優勢轉爲劣勢。這是因爲改革進行到這個程度，改革派已經沒有走回頭路的空間，因此也就失去了和社會力量討價還價的籌碼。此時反對勢

❻江之楓，《王牌出盡的中南海橋局》（臺北：中央日報，1989）。

❻Russell Bova, "Political Dynamics of the Post-Communist Transition," *World Politics*, vol. 44, no. 1 (October 1991), pp. 113～138.

力的社會基礎已經建立，他們已經不在乎政權內改革派的支持，決定要把自由化和民主化進行到底。至於保守派眼看到改革造成社會失控，政權危在旦夕，自然更加堅固了他們反對改革的決心，認為必須訴諸非常手段，才能夠挽救政權。在左右夾擊之下，處於中間地位的改革派因之失勢，整個政治局面兩極化。這就是波瓦所謂的「中派崩潰」。他認為戈巴契夫從 1989 到 1991 年盛極而衰就是源於其中派的地位。

　　雖然過程論對傳統典範的批評頗為中肯，在研究一般民主化的學術領域中也頗佔優勢，但論到社會主義國家政治轉型的文獻，我們發現著重前提的傳統理論還是明顯地居於優勢的地位。這個道理很簡單。過程論實在是淵源於南歐和拉美的經驗，然後把它一般化。在南歐和拉美，我們所看到的多半是軍人主政的威權體制向民主政體轉型。在這裡統治菁英經常扮演主動的角色。經濟上這些國家奉行私有財產制，並保有相當程度的市場機制。然而共產主義國家所經歷的卻是由極權向民主轉型。統治菁英在許多這類型國家處於完全被動的地位。經濟上這些國家面臨巨大的轉變：由公有制轉成私有制；由計劃轉成市場。簡言之，用南歐和拉美的經驗來解釋東歐和蘇聯不免格格不入。除了經驗基礎大相逕庭之外，過程途徑顯得太意志論，沒有辦法提供任何確定的解釋。它的關照面也不夠廣。舉例來說，族群問題在東歐和蘇聯具有決定性的影響力，但是過程論對它卻不甚注意。❻因此當我們在檢視共產政權轉型理論的時候，發現它們大多仍是採用前提途徑。

小　結

　　我們到目前為止，已經檢討過四種前提途徑的理論（經濟社會理論，政治文化理論，國家自主理論，和國際影響理論），以及過程途徑。我們發現這些理論都指出了一些重要的政治變遷因素，但是也都有所缺漏。它們彼此解釋和預測的方向常有衝突。例如大陸高速的經濟成長對現代化論者而言會帶來自由化和民主化的契機；對文化論者而言卻會穩定中共政權。它們所觀察的領域也各有所偏。例如國家自主途徑就對社會的因素估計明顯不足；而國際環境途徑又忽視了國內因素的重要性。現在我們所需要的是一個架構，將各種途徑和理論中重要的因素整合成一個完整的理論。因此在第三章中，我們將提出「危機和時序理論」作為本書的基本分析架構。

---

⑯Yu-Shan Wu, "The Collapse of the Soviet Union: A Crises and Sequences Approach," *Political Science Review*, no. 4 (1992), p. 186.

第三章　危機途徑

　　在第二章中我們談到四個研究共產主義國家政治變遷的主要理論。它們是經濟社會理論，政治文化理論，國家自主理論，和國際影響理論。這四個理論主要是依據造成共產主義國家政治變遷的動力根源來區分的。很明顯地，這些理論所指出的因素對共產世界從 1989 年以後的重大變動都有一定的影響。然而僅僅是了解了這些因素是來自於那一個根源，並不能使我們明白各種因素間的關係究竟是如何。每一個理論不過是開列了一張因素清單。而把四個理論合在一起，也不過是提出了一張綜合的大清單。這樣對我們解釋共產世界政治變遷的現象助益並不是很大。

　　上述理論分析的方法最大的缺點就是他們是由自變項（independent variables）出發。如果我們從依變項（dependent variables）出發的話，情形便會大不相同。這就是功能分析（functional analysis）的途徑。功能分析是從政治穩定（political stability）出發，推出政治體系維持穩定的功能要件，再觀察政治體系執行這些要件的情形，以解釋政治的穩定或變遷。這種解釋方式母寧是比較貼切的，因為功能和體系表現（穩定或變動）之間的關係必然是比變動產生的根源和體系表現之間的關係更為密切。

在本章中我們將從功能分析裡的危機途徑出發，檢討傳統的「危機時序途徑」（crises and sequences approach），然後再加以改進，以建立本書的分析架構。

第一節　危機途徑的提出

危機途徑採用了「結構──功能主義」的方法論；而「結構──功能主義」又是植基於現代化的典範。從十九世紀開始，歐洲的社會科學家在描述分析歐洲各國當時快速的社會變動之時，就已經採取了「傳統──現代」（tradition vs. modernity）的二分法。由傳統到現代的過程，或稱現代化（modernization），常是各理論家分析的焦點。到了第二次世界大戰之後，美國的社會科學界承襲了這個傳統，發展出各式各樣的現代化理論。對許多政治學者而言，政治現代化就是一個國家的政治系統由傳統的模式走向現代的過程。它是政治變遷或政治發展的主要內容。❶政治現代化的過程有幾項特徵，包括角色和制度的分化，政治權利和機會的平等，和政府能力的大幅增加等。

在 1960 年代政治現代化的研究當中，最具優勢的便是「結構──功能主義」。這個方法論基本上將社會類比爲一個有機體。有

---

❶對於政治現代化，政治發展和政治變遷的概念，以及其相互關聯，參見 Samuel P. Huntington, "The Change to Change: Modernization, Development, and Politics," *Comparative Politics,* vol. 3, no. 3 (April 1971), pp. 283-322.

機體必須執行特定的功能才能存活；不同的功能由不同的結構來執行；而各個結構便合成爲一個體系。政治體系是社會體系下面的一個次體系，它也必須靠著各種結構執行特定的功能才能維繫不墜。❷如果這個「社會──有機體」的類比基本上是正確的，我們就必須確定政治體系所必須執行的功能是什麼。從結構──功能主義的始祖英國的社會學家史賓塞（Herbert Spencer）開始，到美國的社會學大師帕深思（Talcott Parsons），以迄於著名的政治學者奧蒙（Gabriel Almond），都提出了他們所認爲的功能要件。然而這些功能（例如利益的表達 interest articulation，和利益的整合 interest integration）多半是西方政治體系所履行的，未必是所有的政治體系所賴以維持的必要條件。這是西方學者沒有辦法把現代化和西方化加以區別所造成的必然結果，也是功能論一個很大的缺點。❸

在功能論的代表之作❹，1971 年由班德等人（Leonard Binder, Lucian W. Pye, James S. Coleman, Sidney Verba,

---

❷ Andrew C. Janos, *Politics and Paradigms: Changing Theories of Change in Social Science* (Stanford: Stanford University Press, 1986), ch.1,2.

❸ 另外一個對於功能論的批評是它所關切的是體系的維繫，因此具有保守的傾向。基於功能論的許多政策建議是用來維護現存秩序和既得利益的。參見 Mark Kesselman, "Order or Movement: the Literature of Political Development as Ideology," *World Politics*, vol. 26, no. 1 (1973), pp. 139-54.

Joseph Lapalombara 和 Myron Weiner) 所合編的《政治發展的危機與時序》(*Crises and Sequences in Political Development*) ❺當中,作者們提出了五種危機,也就是五種政治體系不能履行功能要件的狀況。這五種危機是認同危機 (identity crisis),合法性危機 (legitimacy crisis),滲透力危機 (penetration crisis),參與危機 (participation crisis) 和分配危機 (distribution crisis)。一個現代的政治體系常會遭遇這五種危機。如果對這些危機的反應是有效的,那麼便會改進體系的結構,增加體系的能力。反之,體系便可能崩潰。在這個理論當中,危機是功能

---

❹許多最主要的功能論學者是在美國社會科學研究會 (Social Science Research Council) 的比較政治委員會 (Committee of Comparative Politics) 中。在 1963 到 1971 年之間,比較政治委員會贊助普林斯頓大學出版了一套「政治發展研究論叢」(Studies in Political Development),共有七本著作。另外 Little, Brown and Company 也出版了一系列有關政治發展的理論和國別研究的書籍。這些便是功能論的主要研究成果。參見 Richard Sandbrook, "The 'Crisis' in Political Development Theory," *Journal of Development Studies*, no. 12 (1975), pp. 165-85; 及 Gabriel Almond, "The Development of Political Development," in Myron Weiner and Samuel P. Huntington, eds., *Understanding Political Development* (Boston: Little, Brown and Co., 1987), pp. 437~490.

❺ Leonard Binder, Lucian W. Pye, James S. Coleman, Sidney Verba, Joseph Lapalombara, and Myron Weiner, eds., *Crises and Sequences in Political Development* (Princeton: Princeton University Press, 1971).

的反面，是功能不能履行的狀態。指出危機表示預先假定特定的功能要件對體系的存續是不可或缺的。在這裡我們仍然必須回答「結構——功能論」的根本問題：這五種政治危機以及它們所反映的功能要件究竟是如何認定的？何以它們對於政治穩定會有決定性的影響？危機——功能的選擇是由眾多國家廣泛的政治發展經驗中歸納出來的，是由某一個關於政治變遷的基本理論所演繹出來的，還是由少數西方國家的歷史中所擷取來的？由於危機——功能的認定是這個理論一切分析的基礎，我們在此必須明確地掌握做認定的標準。這是我們改良功能論的起點。

沃巴（Sidney Verba）在《政治發展的危機與時序》當中發展了「時序」（sequence）的概念。所謂時序指的是危機發生的先後順序。他認為時序和政治變遷的結局有極密切的關係。例如說，認同危機發生在參與危機之前，或是在參與危機之後，會決定政治體系發展的方向。為什麼會這樣呢？沃巴認為危機的解決需要制度的改革創新。但是一個新的制度會在危機發生的領域之外造成始料未及的作用。這些作用有兩種：一種會在其他的領域增加體系應付危機的能力（facilitative inputs）；一種會在其他領域造成對體系的額外壓力（secondary demands）。❻危機發生的先後順序，會決定政治體系是逐漸積累應付其他危機的能力，或是必須面對不斷增加的額外壓力。例如合法性危機的化解會增強

❻ Sidney Verba, "Sequences and Development," in Leonard Binder, et al., eds., *Crises and Sequences*, p. 310~311.

政治體系對社會的滲透力,這是正面的副作用;另一方面,政治體系解決參與危機的辦法卻會引發社會要求分配的壓力,或竟影響到國家認同(見 **表3-1**)。所以一個政治體系先面對合法性的危機並加以解決,會增強它應付其他危機的能力;而如果這個體系必須先處理參與危機,卻會在其他領域給自己增加壓力。這樣看起來,危機發生的時序對政治體系的發展具有極其重要的影響。根據這個觀點,沃巴將每一個危機所可能帶來的正副效用排列出來,並計算出對政體的穩定性最佳和最不利的危機序列。沃巴的理論使我們了解到危機的解決會帶來副作用(side effect),而副作用的積累(包括正面和負面的)會決定危機的數目,並對體系的穩定產生重大的影響。但是危機的解決未必只有一種途徑。在危機發生後,當局所選擇的因應方式其實是難以事先認定的。那麼某一種特定危機究竟會造成什麼樣的副作用也就無法確定了。把這個因素加進去,危機時序的意義就減少了許多。我們沒有辦法知道什麼危機就一定會帶來什麼樣的制度變動(例如經濟危機不一定會帶來自由化的制度改革);但是我們知道一旦特定的制度變動已經產生,則不僅在本領域內會產生特定的作用,更會在其他領域產生副作用,而對體系的穩定帶來重大的影響。

　　由於傳統的危機時序途徑有以上所述的理論問題,我們接下來將加以改良,以建立分析共產主義國家政治變遷的理論架構。

表3-1 危機處理的副作用

危機出現的領域	政府能力增強的領域	對政府額外壓力增加的領域
認同	合法性 參與	參與 （分配？）
合法性	汲取力 滲透力	
滲透力	合法性 汲取力	分配 （參與？）
參與	合法性	分配 （認同？）
分配	合法性	參與 滲透力 （認同？）

資料來源：Sidney Verba, "Sequences and Development," in Leonard Binder, Lucian W. Pye, James S. Coleman, Sidney Verba, Joseph Lapalombara, and Myron Weiner, eds., *Crises and Sequences in Political Development* (Princeton: Princeton University Press, 1971), p. 311.

第二節 改良的危機途徑

在班德和沃巴等人所發展出的危機途徑當中，並沒有解釋為什麼挑選了認同，合法性，滲透力，參與和分配作爲危機的種類。往昔「結構——功能主義」最遭批評的便是以西方（或者根本就是美國）的觀點來決定什麼是所有的社會都必須履行的功能。《政治發展的危機與時序》所欠缺的便是沒有一個理論來作爲界定危機的基礎。

在這裡我們可以參酌社會學大師愛茨翁尼（Amitai Etzioni）於 1964 年在 Modern Organizations 中所提出的組織控制理論。❼ Etzioni 認爲一個組織要想維持對其成員的控制，可以訴諸三種權力。第一種是基於物理力量（physical force）的強制力（coercive power）。第二種是基於物質利益（material benefits）的效用力（utilitarian power）。第三種是基於道德符號（symbols）的規範力（normative power）。❽組織對其成員控制的最高形式就是國家要求國民的服從。在此強制力，效用力和規範力就表現爲國家的公權力，經濟力，和合法性。公權力是透過如軍隊，警察等國家行政機構對強制力的壟斷來達成。經濟力則表現於國家與社會間各種有形與無形的約定（pacts），亦即人民對政權的支持是繫於國家的各種政策所能帶來的經濟利益。至於合法性則通常有兩個泉源：民族主義和民主政治。民族主義要求統治者和被治者屬於同一個族群。民主政治則要求統治者的地位基於被治者的同意。一個政權符合這兩個原則便具有合法性，

---

❼ Amitai Etzioni, *Modern Organizations* (Englewood Cliffs, New Jersey: Prentice-Hall, 1964).

❽同❼，Etzioni, *Modern Organizations*, p. 59.

否則便必須訴諸其他的統治機制。

　　這三種國家的權力或有失效的時候。例如公權力在國家對外戰爭失敗後可能會萎縮，這是公權力危機；經濟力在長期的不景氣後必然會降低，這是經濟危機；一個外人所扶植的政權會缺乏民族主義所要求的合法性，這是族群危機；一個經由軍事政變所建立的臨時政府因為違反民主政治的原則因而缺乏合法性，這是參與危機。這四種危機和《政治發展的危機與時序》中所提出的五種危機有相同處，也有相異處。個別地來說，班德所謂的認同危機和我們所提出的族群危機類似，都是指「由文化和心理因素所決定的團體意識和社群的政治定義之間的衝突」。❾班德所謂的參與危機指的是群眾要求進入政治過程之內。基本上這和我們的參與危機也是一樣的。班德又認為合法性危機是淵源於「政治效忠最終對象性質的變遷」。❿他討論了兩種現代的合法性理論：契約式的和民族主義式的。其中基於契約的合法性其實是在參與的範疇；而基於民族主義的合法性是在認同和族群的領域之內。因此班德等所指的合法性危機其實是參與危機，或是族群危機，並沒有獨立討論的必要。

　　班德認為分配危機是「民眾要求政府為他們的生活水平負責，並且不斷地增加他們的物質利益」。⓫如果我們仔細地觀察這個分配危機的內容，會發現其中不僅包含了財貨等經濟利益的分

---

❾見❺, Binder, et al., eds., *Crises and Sequences*, p. 53.

❿同❺, p. 56.

⓫同❺, p. 60.

配，也包含了它們的生產，也就是經濟成長的議題。既然成長和分配其實都在班德所謂的分配危機之中，那麼我們便應該用一個涵括性更廣的概念來表述這個內容。因此在我們的分析架構當中，我們用經濟危機來取代分配危機。最後，班德所指的滲透力是中央政府各方面的行政能力，而我們所提的公權力是國家強制人民服從的能力。這樣說來，公權力當然只是滲透力的一環。我們特別強調公權力的原因是因為基於愛茨翁尼的理論，強制力是維繫組織最重要的機制之一。政府除了公權力以外的行政能力如果發生嚴重的問題，會表現在其他的領域當中，因此可以由其他的危機來涵蓋。然而公權力的危機卻必須獨立對待。

班德等人在《政治發展的危機與時序》中所指出的五大危機是對政治體系的個別挑戰。這些危機被挑舉出來不過是因為它們似乎和政治發展有密切的關係。⓬可是我們在這些危機之間找不到任何關聯；也沒有辦法把它們整合成一個完整的分析架構。然而，我們所提出的四項危機卻整齊地對應於國家強制力，效用力和規範力的失敗。這三樣權力是把愛茨翁尼有關組織控制的一般理論運用到國家和社會的關係上來。所以我們所指出的危機是從理論中推衍出來的。它們彼此互相關聯，構成一個完整的分析架構。根據這個架構，我們可以由公權力，經濟，參與和族群等四個方面來觀察一個國家政治穩定的狀態。

在每一個觀察的面向裡面，我們發現國家的權力其實是相對

⓬同❺, p. 53.

的，也就是這些權力的有效性是相對於社會控制所要求的程度而言的。故而少量的公權力可以鎮懾住缺乏反抗傳統的社會；低下的國民所得對物質期望不高的人民而言尚可忍受❸；而在民族意識不明顯或民主政治文化尚未成形的國家，外族統治或威權統治也比較能被接受。然而當人民的參照點向上移動之後，相對剝奪感便會大增，原來可以接受的政治狀況便成為抗議的對象。在我們的模型當中，各種的國家權力具有互補的作用。所以一個具有強大武力（此乃相對於社會的反抗能力而言）的政權，可以在極端惡劣的經濟環境之下，遂行由異族所支持的威權統治（例如在 Boleslaw Bierut 統治下的波蘭）。或是在民族主義的旗幟之下，人民可以在一段相當長的時間內，忍受經濟困窘和獨裁體制（例如在喬賽斯古初掌權時的羅馬尼亞）。不過從長期的眼光來看，滿足人民的物質需求是一切政權合法性的來源。一旦此一權力的基礎喪失，任何政治權力終將不免於傾覆。

在《政治發展的危機與時序》當中除了危機之外的另一個主題便是時序。我們在前面已經討論過，由於無法先期認定政治體系對特定危機的反應方式，即使我們知道某種反應會在其他的危機領域造成正面或負面的副作用，我們還是無法將特定危機和特定副作用聯繫在一起。沒有了特定的副作用，危機發生的順序就沒有太大的意義了。舉一個例子來說，政治體系有如人體。危機

---

❸Seweryn Bialer, *The Soviet Paradox* (New York: Alfred A. Knoff, 1987), p. 22.

有如嚴重的疾病。體系對危機的處理反應有如服用藥物。這些處理反應在其他領域所帶來的效果有如藥物的副作用。如果我們採用沃巴的看法，就好比人體（體系）生了某種嚴重的疾病（危機）就一定會服用一定的藥物（制度上的因應）。也就一定會（或極可能會）在身體（體系）的其他部位產生一定的副作用。這些副作用有可能是正面的。例如為了細菌感染而服用阿斯匹林結果對治療心臟病有效。副作用也可能是負面的。例如對癌症採用化學治療，結果對身體其他部位健康的細胞也造成傷害。如果醫生對一定的疾病只會開一種藥物，而這種藥物又一定會產生一定的副作用，那麼我們就可以區分兩種疾病。第一種疾病加以適當地藥物治療後會使病人更能對抗其他的疾病。第二種疾病的藥物治療卻有不良的副作用，會使病人產生其他的疾病。如果病人一定要罹患這兩種疾病的話，自然是先罹患第一種再罹患第二種較好。這樣看起來，病人罹患疾病的順序對病人的存活力顯然會有很大的影響。然而現在的問題是，對於特定的疾病醫生常有不同的藥物可供選擇。各種藥物的副作用既然不一樣，我們就不能說某一種疾病必然會造成某一種副作用，也就難以區分剛才所謂的第一種和第二種的疾病。這使得我們無法計算出對病人存活而言罹患疾病的最佳順序。我們所唯一確定的是，一定的藥物容易產生一定的副作用，也就是對危機某種特定的制度反應會帶來一定的外部效應（externality）。

然而外部效應其實並不僅止於副作用一種。危機可以直接由一個領域擴張到另一個領域，而不需要經過制度反應的中介。這是我們所稱的外溢效果（spillover effect）。拿疾病的例子來說，一種嚴重的疾病可以直接擴散到身體其他的部位，造成另外的病變，而不一定需要經過特定藥物的副作用，才能產生外部效應。爲了清楚陳述起見，我們在**表3-2**中把修正後的危機途徑裡各種重要概念圖示出來。

表3-2　改良的危機途徑概念關係圖

	危機發生領域 （第一領域）	受波及領域 （第二領域）
國家面	A	B
社會面	C	D
危機：C ⟶ A 制度的改革反應：A ⟶ C 正面及負面的副作用：A ⟶ B；A ⟶ D 外溢效應：C ⟶ D		

在**表3-2**中，箭頭是代表作用的方向。危機是由社會作用到國家的，因此箭頭是由 C 到 A。而國家面臨到社會的壓力之後，做了制度上的改革，以爲因應，所以箭頭是由 A 到 C。正面及負面

的副作用是國家採取的因應措施在受波及的領域（第二領域）所產生的效果。如果這個作用是增強或減弱了國家在第二領域的能力，便是由 A 到 B；如果這個作用是增加或減少了社會在第二領域對國家的要求和壓力，便是由 A 到 D。至於外溢效果，是危機直接由第一領域擴散到第二領域，因此是由 C 到 D。

　　以下我們將國家的各種控制力，相對應的危機，外溢效果，制度反應變革，正面的副作用和反面的副作用表列出來。在此應該注意的是，我們不認為危機和制度變革之間有有必然的關聯。所以在**表3-3**的制度變革一欄是屬於舉例的性質。

表3-3　危機與外部效應

國家控制力	相對應的危機	外溢效果	制度反應變革（舉例）	正面副作用	反面副作用
公權力（強制力）	公權力危機	經濟 參與 族群	重建國家統治機制	經濟 參與 族群	
經濟力（效用力）	經濟危機	公權力 參與 族群	市場化與私有化	公權力 參與 族群	參與
合法性（規範力）	參與危機	經濟 族群	自由化與民主化		公權力 經濟 族群
	族群危機	參與	民族自決	公權力 經濟 參與	

　　總而言之，政治穩定是國家透過其公權力，經濟力和合法性
所達成的。這些國家權力的有效性是決定於社會控制所要求的程
度，因此是相對的，也是因國而異的。各種國家權力之間具有互
補的作用。如果因爲內外因素使得國家某種控制力大幅削弱，便
會產生危機。相對應於國家的三種控制力，我們發現了四種危機，
分別表現在公權力，經濟，參與和族群四個領域。危機可能產生
外溢的效果，也就是由一個領域直接擴散到另外一個領域。危機
也可能促使國家採取制度上的因應措施，但是在此國家可能會有
好幾種選擇。制度的變革有可能會波及到其他的領域，造成正面
或反面的副作用。正面的副作用增強了國家應付其他危機的能
力，或是削弱了社會在其他領域對國家的要求和壓力。反面的副
作用減少了國家應付其他危機的能力，或是使得社會在其他領域
加強了對國家的要求和壓力。危機一旦產生，透過外溢效果，制
度因應，和各種副作用會影響到各個領域。國家的控制力因之發
生了強弱的變化。總合這些變化便決定了政治穩定的程度。如果
政治體系的穩定度降到了臨界點以下，結構性的政治變遷便會發
生。這就是改良的危機途徑。

　　共產主義國家的政治變遷用改良的危機途徑來解釋可以比用
清單式的動力根源途徑來分析更能掌握要點。因爲改良的危機途
徑將各種影響政治穩定的因素聯繫在一起，使得各個因素不再是
孤立和彼此分離的條件，而是形成一個解釋的整體。這樣做使得
我們不必執著於特定的條件，而可以專注於各種不同條件對政權
統治機制所造成的淨效果。對於不同的國家，我們可以強調不同

的條件，而不必受某一種動力根源理論的拘束。因此，在改良的危機途徑之下，我們可以設想捷克斯洛伐克發生政治變遷的主因是該國的政治文化造成了共黨政權政治體系的參與危機；而蘇聯的政治改革卻主要是由於菁英權力鬥爭的謀略和算計。不論危機的根源何在，只要它在各個領域所造成的總合影響使得國家的控制力落到臨界點之下，政權便會崩潰。這樣子對個別案例解釋能力的加大並不會使改良的危機途徑失去理論詮釋的性質，而落入單純描述的範疇，因為這個模式是基於對國家統治機制的理論性理解。和傳統的危機途徑比較，改良模式更可以作為比較不同政治體系如何倚重不同統治機制以達成政治穩定的理論框架。其廣闊的適用性甚值得進一步的探討。

第三節　共黨政權政治變遷的八種路徑

在 1980 年代末和 1990 年代初，全世界的共產主義政權都受到了民主化浪潮的挑戰。它們有的能夠繼續存活，有的則猝然崩潰。有的實行了巨大的改革，有的堅持不變。這些多樣化的政治發展究竟如何解釋？以下我們將採用改良式的危機途徑，提出三個關鍵性的問題，並且勾勒出八種可能的發展路徑。

我們的第一個問題是，「這個共黨政權是不是被莫斯科所控制的」？第二個問題是，「這個政權有沒有經濟危機」？最後一個問題是，「如果有經濟危機，在這個政權中是改革派佔優勢還是保守派佔優勢？」問這三個關鍵問題的主要目的是針對共黨政權的特性，掌握其所面對的危機局面，然後再用危機途徑的方法來分析政權過去的變遷，或是未來可能的走向。

問題一，「這個共黨政權是不是被莫斯科所控制的」？

　　由於共產主義是以俄羅斯爲基礎向外擴張的，許多共黨政權其實奉行的是莫斯科的意旨。對於各共產主義國家的人民而言，被俄羅斯人所控制的政權不符合民族主義的要求，因此缺乏合法性。這種情形在東歐尤其嚴重。在蘇聯本身，對於俄羅斯人而言，莫斯科宰制一切當然不會引起人民對於蘇共政權的反對。但是對於俄羅斯聯邦之外蘇聯其他十四個加盟共和國的人民來說，莫斯科的統治是俄羅斯帝國主義的表現，因此和大部分東歐人民一樣，蘇聯的少數民族會爲了民族主義而反對本國的共黨政權。我們的第一個問題，「這個共黨政權是不是被莫斯科所控制的」，就是要確定這個國家有沒有嚴重的民族問題。如果俄羅斯宰制了當地的共黨政權，這個共產主義國家就極可能產生族群危機。

　　在共產世界當中，當然並不只有俄羅斯才會引起其他民族的反抗；也不是只有依附於莫斯科才會被本國的民族主義分子視爲覿顏事敵。例如高棉的橫山林政權便因爲受越共的操縱而被國人視爲異族的傀儡。對中國大陸許多的少數民族（尤其是藏族）而言，他們對北京的共黨政權便有一種極其強烈的，基於民族主義的反感。居住於外西凡尼亞（Transylvania）的馬扎兒人對布加勒斯特的羅馬尼亞共黨政權懷有同樣的反感。類似的族群衝突也發生於塞爾維亞和南斯拉夫的其他族裔之間。這些事例證明民族問題所在多有，非獨與俄羅斯有關。然而，由於俄羅斯在共產世界中無遠弗屆的影響力，它所引發的各國民族主義的反對力量也是最大的。從 1989 年開始的政治劇變，和俄羅斯的控制所帶來的族群危機息息相關。其他的民族問題，在導致共黨政權崩潰上所起的作用，遠不及這個因素大。

對於第一個問題，另有一個值得澄清之處，就是所謂俄羅斯的控制，是針對 1980 年代末期而言。由於世界共產主義的力量首先在俄羅斯立足生根，其他國家的共黨政權在建立之初，莫不接受莫斯科的支援和指揮。即便是日後採取獨立自主路線的中共，南斯拉夫，羅馬尼亞，和北韓等各國共產黨，當初都是或多或少仰賴蘇聯的援助才能奪得政權。不過這些國家在政權穩固了之後，都訴諸民族主義，和莫斯科保持距離，在外交政策上強調自主，並且抗拒來自蘇聯的壓力。由於洗脫了「原罪」，這些「民族共產主義政權」的合法性便獲得增強。它們因此和波蘭，捷克斯洛伐克等蘇聯的東歐附庸大不相同。走獨立路線的共黨政權沒有族群危機；受莫斯科操控的共黨政權多有族群危機。

走不走獨立路線和各共黨政權是不是會有公權力危機也息息相關。在依賴蘇聯的共產國家，公權力的機構是和蘇聯的軍事情治單位緊密結合的。沒有莫斯科的指揮支持，本國的「專政機器」根本開動不了。然而蘇聯本身從戈巴契夫掌權開始便走上了改革之途，逐漸喪失了對國內反對力量鎮壓的意志和能力，並且從東歐撤軍，抽離了對各國共黨政權的支持（見第三章）。在這種情況之下，蘇聯的公權力危機就轉化成為各附庸國的公權力危機。然而對走獨立路線的共黨政權而言，它們早就儘可能地減少對莫斯科的依賴，並且發展出完全自主的國防情治體系，甚至還要防範可能來自蘇聯的攻擊。因此蘇共力量的弱化以及後來蘇聯的解體對它們只是構成情勢上的衝擊，而不會直接削弱本身鎮壓反對運動的能力。當然走獨立路線並不代表就不會產生公權力的危機。蘇聯本身的公權力危機就不是因為依賴外國所造成的，而是來自政治改革的副作用。不過如果一個共黨政權是依賴莫斯科的話，在1989年它就必然會受到掣肘，沒有辦法號令本國的安全單位實行鎮壓。當年唯一的兩個例外，鄧小平主政下的中國大陸和喬賽斯古統治下的羅馬尼亞，都是一向走獨立路線，對莫斯科態度最為強硬的共產主義國家。由於沒有遭遇嚴重的公權力危機，中國大陸和羅馬尼亞的共黨政權能夠在北京和布加勒斯特採取血腥鎮壓。

總而言之，我們的第一個問題，「這個共黨政權是不是被莫斯科所控制的」，可以告訴我們此一政權是否有族群危機和公權力危機。族群危機的根源是各國人民對俄羅斯帝國主義的反動。公權力危機的原因是蘇聯本身喪失了鎮壓民運的意志和能力，而各國的專政機器又和蘇聯的軍事情治單位連鎖在一起，因此也就無法開動。依賴莫斯科的共黨政權因為族群和公權力的危機，對社會的控制能力大為削弱。走獨立自主路線的共黨政權則不會因為受到異族操控而喪失民族主義的合法性。它們也因為能完全掌控住本國的武裝力量和情治系統，對社會上的反對勢力有能力加以強制鎮壓。

問題二,「這個政權有沒有經濟危機」?

共產主義國家的經濟危機是根源於它們所採行的社會主義公有制和計劃經濟。前者表示沒有私有財產,因此人民普遍缺乏勤奮工作的動機。後者表示沒有市場,因此經濟訊息和資源配置受到嚴重的扭曲,造成效率低落。公有制和計劃經濟對一個落後的開發中國家而言,在經濟發展的初期可以強力動員生產因素,造成高速度的外延式經濟成長。但是當生產要素已經充分就業之後,經濟成長的動力就只可能是生產力的提高,也就是內涵式的經濟成長。但是公有制和計劃經濟的特點卻是長於動員,卻缺乏效率,因此在這個經濟發展的階段就不可避免地會產生危機。走獨立自主路線的共黨政權固然可以免於族群危機和公權力的危機,但是只要它們仍然保持了蘇聯式的統制經濟,就會或早或遲產生經濟危機。❹例如在中國大陸,越南,北韓和羅馬尼亞,到了 1970 年代中期,經濟成長已經明顯趨緩,經濟危機也已經充分顯露。

經濟危機產生之後,共黨政權多會嘗試各種不同的經濟改革。這些改革由淺入深可以歸為五類。首先是調整各部門之間資源分配的比例 (reprioritizing);然後是完善計劃體制 (perfecting);將指令性計劃 (mandatory planning) 改為指導性計劃

---

❹Wlodzimierz Brus, "Political System and Economic Efficiency: The East European Context," *Journal of Comparative Economics*, vol. 4, no. 1, pp. 40～55.

（guidance planning）；建立完全的市場體系（marketiza-
tion）；最後是私有化（privatization）。⑮由於較淺層次的經濟
改革所能產生的效果有限，黨內的改革派通常會要求深化改革。
但是深層的經改一方面觸及了更多官僚和民眾的既得利益，一方
面對共產主義的意識形態構成了更嚴重的挑戰。所以改革的深化
必然會帶來激烈的權力鬥爭。只有當改革派壓倒了保守派，掌握
住政權之後，經濟改革才可能向前跨進一步。

　　雖然所有共產主義國家的經濟從 1960 年代開始都發生了嚴
重的問題，它們在程度上還是有輕重的分別。在依賴莫斯科的國
家當中，東德，捷克斯洛伐克和保加利亞的經濟問題並沒有達到

---

⑮一般學者對共產主義國家經濟改革通常區分為完善計劃體制和用市場取
代計劃兩大類；例如 Morris Bornstein, "Economic Reform in
Eastern Europe," in U.S. Congress, Joint Economic Committee,
European Economies Post-Helsinki (Washington, D.C.: GPO,
1977); Tamas Bauer, "Perfecting or Reforming the Economic
Mechanism?" *Eastern European Economics*, vol. 26, no. 2 (1987～
1988), pp. 5～34; Jan S. Prybyla, "Economic Reform of Social-
ism: The Dengist Course in China," *The Annals*, no. 507 (1990),
pp. 113-122; Edward A. Hewett, *Reforming the Soviet Economy:
Equality versus Efficiency* (Washington, D.C.: The Brookings
Institution, 1988)等。實際上我們此地所提出的五個層次更接近各國經
濟改革的實際情況。關於這一套概念的運用，可參見 Yu-Shan Wu,
*Comparative Economic Transformations: Mainland China, Hun-
gary, the Soviet Union, and Taiwan* (Stanford: Stanford Univer-
sity Press, 1994).

危機的地步。所以它們所走的路徑和波蘭，匈牙利等有經濟危機的國家是不一樣的。⓰在走獨立自主路線的國家當中，不論是歐洲的南斯拉夫和羅馬尼亞，或是亞洲的中國大陸和越南，經濟危機都非常嚴重。然而這一群國家處理經濟危機的態度卻有顯著的不同。造成此一分歧發展的原因是黨內改革派和保守派的權力分配。在此我們要問第三個問題。

問題三，「如果有經濟危機，在這個政權中是改革派佔優勢還是保守派佔優勢」？

這個問題所要解答的是在有經濟危機的情況之下，究竟共黨

⓰巴特（Judt Batt）在比較波蘭，匈牙利和捷克斯洛伐克在 1989 年之前的經濟狀況之時，認爲前二者的經濟改革造成了物價的大幅波動，使國內市場受世界經濟局勢的影響（例如國際金融風暴，石油危機等），對人民的經濟生活造成很大的衝擊。至於捷克斯洛伐克則一貫堅持中央計劃經濟，雖然在長期生產力的增長和技術創新等方面未必比波蘭和匈牙利表現優異，但是其總體經濟能維持穩定，在就業，物價和所得分配等方面可以滿足人民的需求，因此並未像波蘭和匈牙利一般落入經濟危機當中。見 Judt Batt, *East Central Europe from Reform to Transformation*（New York: Council on Foreign Relations Press, 1991), pp. 19～20。這證明了有限的經濟改革未必比堅持計劃經濟能創造較好的經濟表現。關於對有限經濟改革的批評，參見 Thomas A. Wolf, "The Lessons of Limited Market-Oriented Reform," *Journal of Economic Perspective*, vol. 5, no. 4 (Fall 1991), pp. 45～58; 及 Janos Kornai, "The Hungarian Reform Process: Visions, Hopes, and Reality," *The Journal of Economic Literature*, vol. 24, no. 4 (1986), pp. 1687～1734.

政權會實行經濟改革，還是政治改革，還是一切照舊。根據經驗事例，我們所抽繹出的原則是，如果是保守派掌握政權，就不會有經濟改革，也不會有政治改革。如果是由改革派控制局面，便會有經濟改革，但是沒有政治改革。只有當保守派和改革派旗鼓相當的時候，改革派爲了黨內鬥爭的需要，才會改變遊戲規則，推行自由化，或是有限的民主化改革，來動員社會力量，打擊保守派的政敵。在這裡，政治改革是被當成鬥爭的工具來使用。

現在我們來看看圖3-1。我們用 P 代表參與危機（participation crisis）；用 N 代表族群危機（nationality crisis）；用 C 代表公權力危機（coercion cirisis）；用 E 代表經濟危機（economic crisis）。在 圖3-1中我們可以看到，對第一個問題回答「是」，也就是被莫斯科所控制的政權，走左邊的路徑。而對第一個問題回答「否」，也就是走獨立自主路線，不被莫斯科所控制的政權，走右邊的路徑。由於所有的共黨政權都是不民主的，因此它們都有參與危機(P)。對依賴莫斯科的政權而言，在參與危機之外，還加上了族群危機(P, N)。對走獨立自主路線的政權而言，在這一點上，仍然是只有參與危機(P)。

接著我們看對第二個問題的回答。先看左邊（依賴莫斯科）的一半。如果沒有經濟危機，則共黨政權所面臨的仍然是參與和族群危機（P, N）。既然經濟上沒有重大的問題，共黨對於既有的政治經濟體制便不會變動，也就是沒有經濟改革，也沒有政治改革，這是路徑一。同樣在依賴莫斯科的左邊一半，如果有經濟危機，那麼此一共黨政權所面臨的便是參與，族群和經濟的三重危

圖3-1 共產主義政權的危機與發展路徑

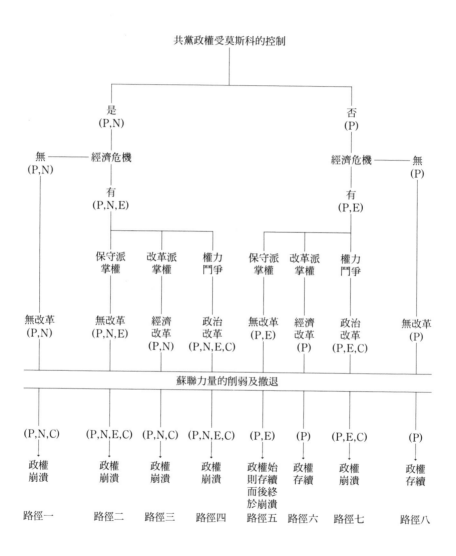

機（P, N, E）。此時我們必須要問第三個問題。如果是保守派在政權中掌握優勢，那麼雖然危機嚴重，仍然不會有經濟或政治改革，所以仍然是三重危機。這是路徑二。如果是改革派控制局面，那麼便可以直接進行結構性的經濟改革，從而緩和經濟危機，使政權所面對的基本上仍是參與和族群兩個危機（P, N）。這是路徑三。如果在政權中保守派和改革派的力量不分軒輊，則改革派便很有可能推動政治改革，放手發動群眾，援引社會力量，來壓迫保守派屈服，好推行經濟改革。由執政的共黨所推動的政治改革始則或能博得群眾的支持，但很快便會落於社會對全面自由化和民主化的要求之後，因此並不能真正消解參與危機。但是政治改革會在公權力的領域產生極嚴重的副作用。它使得共黨政權強制鎮壓社會上反對力量的意志和能力降低，造成了公權力的危機。因此這些政權所面對的是參與，族群，經濟和公權力等四重危機（P, N, E, C）。這是路徑四。

　　我們現在看右邊一半。這些共黨政權因為不依靠莫斯科，所以在一開始的時候只有參與危機(P)。但是如果有一些走獨立自主路線的共產主義國家產生了經濟危機，那麼共黨政權就必須同時因應參與和經濟的雙重危機（P, E）。這時候我們再問第三個問題。如果在政權中是保守派掌握優勢，那麼便不會有任何改革，而政權所面對的危機局勢也沒有改變（P, E）。這是路徑五。如果是改革派掌握優勢，那麼共黨政權便會推行大幅度的經濟改革，從而消弭了經濟危機。這時政權所面對的是單純的參與危機(P)。這是路徑六。如果保守派和改革派相持不下，改革派便極有可能推動政治改革，改變遊戲規則，援引社會力量，來鬥爭保守派。像路徑四一樣，這種由執政的共產黨所推動的政治改革會快速地帶動社會上對民主自由的期望，但又不可能完全地滿足這種期望。所以參與危機並不會化解。同時經濟改革因為政治上的鬥爭尚未有定局而不能推行，所以經濟危機仍舊。而政治改革的副作用又使得政權喪失了鎮壓民主勢力的意志和能力，造成了公權力的危機。所以此時共產政權所面對的是參與，經濟和公權力的三重危機（P, E, C）。這是路徑七。現在回到第二個問題。如果有些共產主義國家沒有產生經濟危機，那麼它們所面對的危機局面仍然是只有一個參與危機(P)。執政的共黨在此沒有推行政治或是經濟改革的誘因，所以應該會一切照舊。這是路徑八。

這八個不同的路徑都受到蘇聯力量的削弱及撤退的衝擊，但是左邊的四個路徑和右邊的四個路徑在這裡有很大的差別。對走路徑一到四的共黨政權而言，由於一向仰賴莫斯科提供支持來壓制社會上的反對勢力，此時頓失依靠，馬上產生公權力的危機。在這裡共黨政權強制力的喪失，加上它們原來就必須面對的參與和族群等危機，造成了多重危機的局面。政治體系因而超載，結果導致政權崩潰。這是依賴莫斯科的共黨政權所遭遇的共同命運。另一方面，對走路徑五到八的共產主義國家而言，由於並不仰賴莫斯科提供鎮壓社會的力量，對於蘇聯的削弱及撤退所受到的衝擊較為有限。這些共黨政權的專政機器仍然能夠正常運作，在面對社會挑戰時也能加以強力鎮壓。這表示蘇聯的因素對這些國家所面對的危機局面並沒有立即而顯著的影響。其中在路徑六和路徑八，由於只需要面對參與危機，使共黨政權展現了強大的存續能力（例如中國大陸）。在路徑五的狀況之下，一方面有經濟和參與的雙重危機，一方面由於是保守派掌權，卻沒有政治或經濟的改革。就短期而言，共黨政權能夠靠著強制力和民族主義來維繫其統治地位（例如北韓）；但長期而言，不斷惡化的經濟局面終會逼使社會鋌而走險，釀成流血革命（例如羅馬尼亞）。最後在路徑七的情形，共黨高層的權力鬥爭帶來了政治改革，引發了公權力的危機。在參與，經濟和公權力三重危機的壓力之下，政權只有走上崩潰一途。

在圖3-1中，我們將三個關鍵性的問題，八種發展路徑，共黨政權在每一個選擇點上所面臨的危機局面，和未來的可能走向描繪出來，以方便我們的討論。

在各個路徑之間有時候會有中途換軌的情況產生，也就因此改變了共黨政權的命運。例如起先是走路徑七的國家，在改革者利用有限的自由化快速地擊敗了保守派之後，及時明瞭到全面政治改革對共黨統治的不利影響，所以中途換軌，轉移到路徑六上來。此時一方面推動經濟改革，一方面取消原有的開放措施，在政治上加以緊縮，也就是經改而不政改。又例如走路徑一或八的國家，就長期而言，仍然有可能產生經濟危機。這時端視黨內權力分配的情形，路徑一會向路徑二、三或四轉軌；而路徑八會向路徑五、六或七轉軌。

在接下來的兩章中，我們將分別探討四個共黨國家的政治發展，來驗證本章中所提出的理論。在第四章中，將探討蘇聯和匈牙利共黨政權如何走上路徑四,而最終崩潰的經過。在第五章中,我們將把重點轉移到亞洲,來解析中國大陸和越南的共黨政權如何走上路徑六,而能在舉世的民主化浪潮中,維繫住共黨專政的統治地位。其中越南的政治發展其實是由路徑七換軌到路徑六的例子。由於這本書所提出的是共黨政權政治變遷的一般理論,這四個國家的發展經驗只能作為理論的例證。其他沒有分析到的國家和路徑必須以後再加以補充。

第四章　從政治改革到政權崩潰
——蘇聯和匈牙利

　　蘇聯和匈牙利在共產主義國家的政治轉型中佔有極為特殊的地位。蘇聯的共產黨（Communist Party of the Soviet Union, CPSU）和匈牙利的社會主義工人黨（Hungarian Socialist Workers' Party, MSzMP）都是由上而下地發動政治改革。戈巴契夫的「公開性」和「民主化」震撼了蘇聯的官僚體系，引發和帶領了社會力量對舊制度展開衝擊。匈共的改革派也是積極地動員了各種社會團體，向黨內的保守勢力宣戰。匈牙利並且在東歐的共黨政權中第一個宣布放棄一黨專政，並且舉行自由的多黨選舉。因此蘇聯和匈牙利是共產主義國家中自由化和民主化的啓始者和先行者（initiators）。它們和捷克斯洛伐克與保加利亞等追隨者（followers）不同；和羅馬尼亞與中國大陸等抗拒者（resistants）也不一樣。在我們第三章「危機與發展路徑」的圖中，蘇聯和匈牙利走的是第四個路徑，也就是由經濟危機造成權力鬥爭和政治改革，然後由於參與，族群，經濟和公權力等四重危機的作用，導致政權崩潰。在以下的討論當中，我們將先用改良的危機途徑來分析蘇聯崩解的過程，然後再用同樣的途徑來解析匈牙利的民主改革，最後再將兩個國家的政治變遷過程加以比較。

第一節　蘇聯的崩解

蘇聯在 1991 年的滅亡是由於多重危機和政治體系超載的結果。在蘇聯的各個危機當中，直接導致聯邦解體的是族群危機。而族群危機的產生又和政治菁英的制度改革和危機間的相互作用息息相關。這整個過程的發生可分為七個階段。它們是布里茲涅夫晚期（1980 年代初），「重建」（perestroika）初期（1985～1986），「公開性」（glasnost'）時期（1986～1988），民主化（demokratizatsia）時期（1988～1989），民族問題爆發時期（1989～1990），保守派反撲時期（1990～1991），和政權最後的崩潰（1991 年底）。在前四個階段，戈巴契夫力足以掌控全局。他用公開性和民主化來動員社會力量，打擊保守派的對手，主要的目的在重建蘇聯的經濟體制。他在參與領域內實行政治改革，希望能透過外部效應來改造經濟領域。但是政治改革卻帶來了公權力的危機，然後使長久以來被壓抑的族群危機爆發出來。蘇聯的政治體系在此便面臨了一個四重危機的局面，而造成了超載，終至於崩潰瓦解。以下我們將詳細地分析這一段經過。

布里茲涅夫晚期（1980 年代初）

布里茲涅夫（Leonid Brezhnev）在 1964 年到 1982 年是蘇共的總書記。這個時期蘇聯的特色是外部擴張和內部穩定。在布氏的領導之下，蘇聯不斷地整飭軍備，終於能和美國並駕齊驅，成為舉世兩個超級強權之一。蘇聯的政軍力量積極地向外擴張，和美國在全球瓜分勢力範圍。在這十八年當中蘇聯的國內政治是高度穩定的。雖然黨政官僚腐敗，任期又不受限制，但是蘇聯人民不必再忍受史達林時代那種極權恐怖統治，也不必再擔心赫魯雪夫時代那種層出不窮的即興式改革。❶這就是羅文滔所謂的「鞏固的共黨政權」(established Communist party regime)。❷似乎蘇聯已經逐漸發展成為一個成熟而穩固的工業化社會。在權力結構當中，科技官僚已經上升到領導階層。他們主導蘇聯經濟緩步向前發展。在這個國家，人民的物質需求本來就不高，社會主義制度又提供了他們基本的福利，生活水準也慢慢在上升，所以蘇聯人民對自己的物質境遇大體上是滿意的。由於工業化的發展，社會流動性很強。又由於勞動力早已充分就業，人民有選擇在不同地點和單位工作的權利。黑市交易雖然很猖獗，但卻彌補了計劃經濟的缺口，提供了人民許多日常生活所必需的物資。一般人頗能珍惜這種穩定的生活，即使是知識分子也不例外。另一方面，蘇聯人對自己的生活境遇也頗能認命，覺得不可能改變

---

❶關於布里茲涅夫時期共黨政權的腐化和變質，焦艾（Ken Jowitt）提出了「新傳統主義」(neo-traditionalism) 的解釋。參見 Ken Jowitt, "Soviet Neotraditionalism: The Political Corruption of a Leninist Regime," *Soviet Studies*, vol. 35, no. 3 (1983), pp. 275～297.

❷ Richard Lowenthal, "On 'Established' Communist Party Regimes," *Studies in Comparative Communism*, vol. 7, no. 4 (1974), pp. 335～358.

體制,也習慣於接受共黨的統治。❸

在布里茲涅夫時期即使是最具爆炸性的民族問題也似乎變得不是那麼嚴重。布里茲涅夫讓各個加盟共和國的領袖們都像莫斯科的共黨高官一樣享有終身的任期。各共和國在政治上和文化上也有相當的自主性。這些懷柔籠絡的措施使得蘇聯的少數民族甘心聽命於莫斯科。❹當然蘇共也一直念茲在茲地維持了一個強大的對內部鎮壓的武裝力量。這些因素將蘇聯的民族問題暫時壓抑了下來。最後,布里茲涅夫這個世代的領導階層是在史達林時代被拔擢到最高權力地位的。他們在 1930 年代是世界主要國家當中最年輕的領導階層。但是他們在布里茲涅夫時代給自己的終身任期卻使得蘇聯在 1980 年代受一群八十幾歲的老人統治。這些老人們彼此有共同的利益和看法,同質性極高。所以只要他們在位,蘇聯的政策就有強大的持續性,這也是造成政治穩定的一個重要因素。總之,布里茲涅夫政權的穩定是繫於其經濟表現,輔以巨大的強制力,再加上蘇維埃愛國主義,和人民習慣性的服從。雖然政治參與極其有限,族群危機也蓄勢待發,但是在整體上,蘇

---

❸畢亞勒(Seweryn Bialer)在其名著《蘇聯的矛盾》(*The Soviet Paradox*)當中,很具體地分析了蘇聯在布里茲涅夫時期政治穩定的根源。見 Seweryn Bialer, *The Soviet Paradox: External Expansion, Internal Decline* (New York: Alfred A. Knopf, 1987), ch. 2.

❹ Teresa Rakowska-Harmstone, "Chickens Coming Home To Roost: A Perspective on Soviet Ethnic Relations," *Journal of International Affairs*, vol. 45, no. 2 (1992), pp. 519～548.

共仍然能夠穩固地掌握政權。

在布里茲涅夫時代的晚期，蘇共政權所面臨最嚴重的問題是經濟成長率不斷下降。在過去蘇聯政治穩定最重要的基礎就是差強人意的經濟表現。然而蘇聯的統制經濟實在沒有辦法創新技術和提高生產力。在另一方面，石油等能源的蘊藏量雖然可觀，但是開採的技術和設備卻落後失修，眼看即將成爲經濟發展的瓶頸。❺經濟停滯除了會引起社會不安之外，另外一個嚴重的後果就是沒有辦法和美國從事耗費巨大的軍備競爭。尤其從 1983 年開始美國在雷根總統的倡議下展開星戰計劃的研究，更是讓蘇聯承受不起。莫斯科的領導階層了解到國際對抗基本上就是一場生產力的競爭，而蘇聯舊有的經濟體制對此卻無能爲力。❻持續的經濟成長在過去提供了蘇聯向外擴張和國內政治穩定的基礎，現在這個基礎已經逐漸傾頹。

蘇聯的經濟在過去也曾經發生過危機。早在 1960 年代中期，當時的總理科錫金（Aleksei N. Kosygin）就主導了一個大規模的經濟改革。❼此後在 1973 年和 1979 年，布里茲涅夫也採行了

---

❺畢亞勒在八〇年代初就看出蘇聯的經濟危機。參見 Seweryn Bialer, *Stalin's Successors: Leadership, Stability, and Change in the Soviet Union* (Cambridge: Cambridge University Press, 1980).

❻ Marshall Goldman, *Gorbachev's Challenge: Economic Reform in the Age of High Technology* (New York: W. W. Norton, 1987).

❼關於蘇聯經濟改革的歷史，參見 Edward A. Hewett, *Reforming the Soviet Economy: Equality Versus Efficiency* (Washington, D.C.: The Brookings Institution, 1988)；及注❻, Goldman, *Gorbachev's Challenge.*

兩個完善計劃體制的改革。這些經改的措施在剛施行的時候都是喧騰一時，但是由於保守官僚的掣肘，以及改革的不徹底，最後都無疾而終。這表示蘇聯的經濟體制基本上仍然維持史達林時代的形態：高度統一而集權，缺乏橫向聯繫；生產者取向，沒有市場觀念；生產的目的是達成指標，不是賺取利潤；對資源的使用毫無效率，企業的投資漫無節制；沒有預算約制，形成匈牙利名經濟學家科奈爾（Janos Kornai）所謂的「短缺經濟」（shortage economy）。❽由於蘇聯經濟的成長模式已經由外延式轉移到內涵式，它必須依賴生產力的提高。但是統制經濟長於動員生產因素，卻難以增進效率。所以蘇聯的經濟成長率隨著經濟形態的轉變而逐步降低。這個態勢從 1970 年代中期以後變得非常明顯。到了 1980 年代初期，蘇聯的經濟已經接近停滯的地步。雖然一時還看不到社會大眾的強烈不滿，但是危機已經清楚地迫在眉睫。剛好在這個時候，布里茲涅夫一代八十多歲的領導階層開始快速地從政治舞臺上消失，提供了一個體制改革的契機。❾在我們的「危機與發展路徑」圖上，布里茲涅夫的晚期就是蘇聯由面對參與和

---

❽ Janos Kornai, *Contradictions and Dilemmas* (Cambridge: MIT Press, 1986).

❾ Seweryn Bialer, "Domestic and International Forces in the Formation of Gorbachev's Reforms," in *Alexander Dallin and Gail Lapidus, eds., The Soviet System in Crisis* (Boulder, Colo.: Westview, 1991), p. 36.

族群的雙重危機，逐漸轉成面對參與，族群和經濟三重危機的時期。

「重建」初期（1985～1986）

布里茲涅夫在1982年十一月死亡。繼任人為長期負責情治工作的安德洛波夫（Yuri Andropov）。安氏深知蘇聯體制的沈痾已重，非要徹底整頓不可。但是他所採用的方法是嚴申工作紀律，處分酗酒和曠職，並且加強國家對社會的控制。❿當時蘇聯的領導階層深為波蘭的亂局所震動，忙於尋覓改革方案，以避免蘇聯的社會也步上波蘭的後塵。但是安德洛波夫的改革過於浮面，完全沒有涉及體制和結構，因此成效有限，也造成社會極大的反感。

安德洛波夫在 1984 年二月去世。政權在一個短時期內（從 1984 年二月到 1985 年三月）落入布里茲涅夫時代的元老契爾年科（Konstantin Chernenko）手中。在安氏死亡之時，契爾年科和安氏所大力拔擢的戈巴契夫爭奪繼承權，結果由契爾年科出線，但是承諾戈巴契夫將成為再下一任的蘇共總書記。結果契爾年科因年邁重病在就任總書記一年後便過世。蘇共領導階層立刻選舉當時最年輕的政治局委員戈巴契夫為總書記。蘇聯政治從此步入一個嶄新的時代。

戈巴契夫在一開始並不能超越安德洛波夫的視野。當契爾年

---

❿Stephen White, *Gorbachev and After* (New York: Cambridge University Press, 1991).

科在位時，將安氏的反酗酒運動擺在一旁，現在戈巴契夫重新加以大力提倡。戈氏又大談工業「加速」（uskorenie），要求充分使用既有的設備。另外他也倡議設立超級部會和巨大的企業聯合體，基本上是仿效東德做完善計劃體制的改革。有一部分小規模的合作社和家庭企業合法化了，但是新領導班子對私人的商業活動仍然感到不能接受，甚至發動了一個反對「不當所得」的運動。不過隨著戈巴契夫的權力逐漸鞏固，他的經改計劃開始較為完整深入。他主張企業自負盈虧，下放經營權，讓企業經理在用人上有更大的權限，工人可以外包工作，甚至還有一個溫和的價格改革。這就是「重建」（perestroika）。不過這些措施並沒有超越當年科錫金改革的範疇。由於政治局中保守勢力和中央各部會官僚的掣肘，戈巴契夫的改革一開始便陷入泥淖當中。如果依循過去的軌跡，改革不久便會夭折。戈巴契夫對這一點非常清楚。他深切的危機意識，對改革的使命感，和敏銳的政治觀察力使他冒險改變了遊戲規則，開始發動社會力量。從這一點起，蘇聯的政治發展脫離了以往的軌跡，走向了過去從未探索過的領域。

「公開性」時期（1986～1988）

戈巴契夫的起點是經濟領域。但是他所採取的有限經濟改革措施完全不能發揮作用。從 1986 年開始，戈巴契夫將改革的重心轉向政治參與。在當年二月蘇共第 27 屆代表大會上，戈巴契夫揭示了「公開性」（glasnost'）的改革方針，鼓吹言論自由化，期望喚起民眾，批評時政。公開性最初的目的，並不像拉丁美洲和南歐國家在政治轉型的初期，所實行的「解壓」（decompression）；公開性是有計劃地挑選目標和議題，鼓動群衆，來打擊特定的政治對象。蘇聯社會在當時根本沒有足夠的反對力量來迫使共黨政權從事自由化的改革。公開性是戈巴契夫等一批新的領導菁英爲了重建蘇聯的經濟體制所刻意發動的從上而下的改革。在這個「有目標的自由化」浪潮當中，布里茲涅夫首當其衝，飽受攻擊。蘇聯的歷史人物也被重新評價。史達林在赫魯雪夫（Nikita Khrushchev）時期曾被鞭屍，在布里茲涅夫時代又受到推崇，此時再次被貶抑。赫魯雪夫則被認定爲改革者。「新經濟政策」時期（NEP）的英雄，史達林的政敵布哈林（Nikolai Bukharin），也被恢復歷史地位。❶當前蘇聯社會的陰暗面被無情地揭露出來，包括犯罪，吸毒，和阿富汗戰爭所帶來的種種社會代價，都一一呈現在蘇聯人民眼前。在《文學報》（*Literaturnaya Gazeta*），《共靑團眞理報》（*Komsomolskaya Pravda*），《經濟報》（*Ekonomicheskaya Gazeta*)和《社會主義工業報》（*Sotsialisticheskaya Industriya*）等官方媒體當中，蘇聯的官員貪污腐敗，社會弊病叢生，和西方的進步實況都被報導出來。❷在這些揭發，披露和歷史翻案之後，社會上自然要求革除從布里茲涅夫時代即久在其位的腐

---

❶關於蘇聯歷史人物在不同階段被賦予不同的評價，參見 Stephen F. Cohen, *Rethinking the Soviet Experience: Politics and History Since 1917* (New York: Oxford University Press, 1985).

❷畢英賢，《新蘇聯：社會主義祖國在蛻變中》（臺北：時報文化，民國 80 年），頁 198～199。

敗官員，黨內的保守派領袖也受到嚴重的打擊。戈巴契夫本人則獲得了開明改革家的形象。

戈巴契夫的這個策略是劃時代的。在蘇聯歷史上從沒有將黨內高層的政治鬥爭蔓延到社會，利用群眾力量來剷除異己的事例。這種做法在整個共產世界中也極為少有。唯一明顯的例外是中國大陸的毛澤東在文化大革命時利用年輕的紅衛兵向劉少奇，鄧小平等官僚派奪權。公開性當然比文革要有秩序，但是戈巴契夫同樣也要冒群眾脫離控制的危險。從危機途徑的觀點來看，由公開性到接下來的民主化（demokratizatsia）都是在參與領域內的制度改革。但是這個改革並不是基於民眾的要求，反而是出於菁英自己的策略。❸戈巴契夫有意地透過參與領域內的改革，創造在經濟領域內的社會壓力，也就是一種增加體系承載的副作用（參見**表3-2**）。他的目的是藉社會之力，以排除經濟改革的障礙。簡言之，戈巴契夫是利用公開性來進行重建，用政治改革來推動經濟改革。自由化和民主化在此是被當作工具來使用的。

民主化時期（1988～1989）

從自由化到民主化是很自然的一步。雖然很多專制政體在政治改革之初，只是受到國內外環境的影響，想把社會解禁，給予

---

❸或稱為「菁英策略思維」（elite strategic thinking），參見 Yu-Shan Wu, "The Linkage Between Political and Economic Reform in the Socialist Countries: A Supply-Side Explanation," *Annuals,* no. 507 (January 1990), pp. 91～102.

有限的自由，而並不想實現多黨民主，放棄自身專政的權力。但是時勢的推移常常迫使專制政體對社會做更大的讓步，由自由化走向民主化，否則就面臨必須使用武力鎮壓和造成社會大亂的後果。❶這是改革派菁英的失算。❶在蘇聯，開放性和自由化也帶來了民主化的壓力。但是這個壓力是由上層所啓動的。戈巴契夫所倡導的民主化（demokratizatsia）也和一般國家的民主化不同，他指的是在蘇聯共產黨領導下的差額選舉，或稱一黨多元主義（one-party pluralism）。這是一種有限的民主化。其目的是透過選舉的手段來革除保守派的官員。

　　一黨多元主義不是對社會的讓步，而是共產黨內權力鬥爭的策略。由於共黨仍然是唯一的合法政黨，選民無論如何投票都不會影響到蘇共的統治地位。另一方面，差額選舉使人民有了有限

---

❶奧丹諾等人曾將自由化和民主化分開，而提出有限制的民主（即有民主化而沒有自由化，或稱爲 democraduras），和自由化的威權（即有自由化而沒有民主化，或稱爲 dictablandas）這兩個概念。然而，從各國的經驗上看來，自由化必然先於民主化，而且一定會帶來民主化的壓力。參見 Guillermo O'Donnell, Philippe C. Schmitter, and Laurence Whitehead, eds., *Transition from Authoritarian Rule: Comparative Perspective* (Baltimore, Maryland: Johns Hopkins University Press, 1986);及 Yun-han Chu, *Crafting Democracy in Taiwan* (Taipei: Institute for National Policy Research, 1992).

❶關於統治菁英在自由化和民主化之間的抉擇，見 Adam Przeworski, *Democracy and the Market: Political and Economic Reforms in Eastern Europe and Latin America* (Cambridge: Cambridge University Press, 1991), p. 115.

的選擇權利,可以在一個以上的候選人當中挑選自己較能接受的
對象。這個設計的主要目的是讓選民投票支持改革派的候選人,
而將在位的保守派淘汰。如此改革派藉人民之手除去了黨內的政
敵,而共產黨仍然能維持其統治的地位。

在 1988 年六月第 19 屆黨代表會議當中,通過了「關於蘇聯
社會民主化和政治體制改革」的決議,正式建立了一黨多元主義
的原則。接下來的「蘇聯人民代表選舉法」和「蘇聯憲法增修法
案」則將此一原則變成正式的法律。❶❻據此,不論在全國或地方
的選舉每一職位都必須有一位以上的候選人,立法機關的權限也
被加大。然而,這絕非真正的自由選舉。一方面反對黨仍不許成
立。另一方面共產黨,共青團和工會等「社會組織」可以提出一
個全國名單,實際上網羅了黨政高官,可以篤定當選。❶❼戈巴契
夫本人就在這份全國名單之中。❶❽一黨多元主義不允許反對黨成
立表示人民只能在共黨和共黨所認可的候選人當中做選擇,從而
保證了共黨的統治地位。讓人民做有限選擇是料定改革派的候選
人會受到支持,因此可以清除保守派的勢力。全國名單是保證改

---

❶❻畢英賢,〈一九八八年蘇聯政經改革與難題〉,《問題與研究》,第 28 卷,
　　第 6 期 (民國 78 年三月),頁 13～23。

❶❼Russell Bova, "Political Dynamics of the Post-Communist Tran-
　　sition," *World Politics*, vol. 44, no. 1 (October 1991), pp. 113～138.

❶❽這種全國名單在其他採行一黨多元主義的共產國家當中也可以發現。例
　　如匈牙利的卡達 (Janos Kadar) 和波蘭的賈魯塞斯基 (Wojciech Jar-
　　uzelski) 便都在這種名單上。

革派的領袖本身不必冒選舉的風險,可以確定掌握選舉後的局面。在 1989 年三月全國人民代表大會的選舉中,改革派不出所料大獲全勝。❶戈巴契夫立刻趁勝追擊,強迫 110 名黨內高級幹部退休。這個動作清楚地顯示了蘇聯民主化的真正意義。

到這個階段為止,戈巴契夫仍然能很穩定地掌握住蘇聯的政治局面。在 1985 年他接任總書記以後,就將布里茲涅夫輩的老人逐一換下,包括了羅曼諾夫(Grigorii Romanov)和吉洪諾夫(Nikolai Tikhonov)等人。同時他又拔擢了和自己同一輩,當年由安德洛波夫所提攜的一批幹部進入政治局。這裡頭包括了切布利可夫(Viktor Chebrikov),李加喬夫(Yegor Ligachev)和瑞希可夫(Nikolai Ryzhkov)等。接著戈巴契夫將葉爾欽(Boris Yel'tsin)和謝瓦那澤(Eduard Shevardnadze)等地方幹部調到中央來,充當自己的左右手。在戈巴契夫的政治局當中,還有一群擁護改革的知識分子,例如亞科夫列夫(Aleksander Yakovlev),梅德維捷夫(Vadim Medvedev)和普李馬科夫(Yevgenii Primakov)等人。這種整肅老人,鞏固同僚,提拔下級的組織路線從 1986 年起在整個官僚體系中展開。到了 1988 年黨代表會議之後,百分之六十的中央委員會委員是在戈巴契夫掌權後進入中央的。政治局的成員更是由戈巴契夫所一手挑選。在地方上有約百分之七十的黨書記被戈巴契夫所更換。到最後,

---

❶畢英賢,〈蘇聯的民主化與政治體制改革〉,《問題與研究》,第 29 卷,第 7 期(民國 79 年四月),頁 1〜11。

戈巴契夫甚至踢除了一批在他掌權早期所提拔的幹部，例如李加喬夫等，完全掌握住局面，走上了權力的最高峰。我們可以說，從 1986 年到 1989 年，戈巴契夫利用公開性和民主化的政治改革，援引社會的力量，獲得了權力鬥爭的勝利。

然而此時正是戈巴契夫盛極而衰的關鍵。公開性和民主化都是參與領域的制度改革，其目的是喚起蘇聯民眾發抒對現況的不滿，透過社會輿論和差額選舉來幫助戈巴契夫剷除政敵，以實現重建的經濟改革。然而一旦社會被真正地解放，就沒有人能夠掌握住它的方向。戈巴契夫想利用政治參與來製造經濟領域中的副作用，增加民眾要求經濟改革的壓力。這個效果是達到了。然而在同時，公開性和民主化卻使得共黨政權失去了使用武力來鎮壓社會的能力，造成了公權力的危機。在戈巴契夫的政治改革之下，文化新聞的檢查系統被取消了，祕密警察的權限受到很大的限制，軍警情治單位的士氣大跌。社會獲得了自由，開始向國家要求權利，而共黨政權的專政機器則向後退縮。這就是說，公開性和民主化的副作用不僅在經濟領域出現，也在公權力的領域出現。前一個副作用是戈巴契夫和改革派的策士所刻意造成的，後一個副作用則是出於他們的意料之外的。在第三章危機的路徑圖上，我們發現蘇聯在經濟危機的背景之下，因為黨內劇烈的權力鬥爭，使得改革派利用政治改革作為工具，來鬥爭保守派，從而帶來了公權力的危機(C)。蘇聯因此明確地走上了第四個路徑。

公權力的危機產生了一個極其重要的影響。在過去，人民縱使對政治參與，族群待遇，和物質生活有所不滿，也因為沒有發

抒的管道和恐懼共黨的壓迫而三緘其口。現在，公開性和民主化
提供了宣洩不滿的渠道，共黨專政的機關被迫後退，各種政治參
與和集體行動的成本驟然降低很多。❷許多的政治行為都變為可
能，於是各種社會運動開始大規模的出現。❷原來被壓抑的危機
此時便爆發出來。在這裡最重要的便是激進的民主化和民族自決
運動。前者是參與危機，後者是族群危機。這兩個危機都是戈巴
契夫所無意間觸動的，是由公權力危機所帶來的外溢效果。就激
進的民主化而言，它所要求的是全面的開放與多黨民主，蘇共放
棄對國家的領導地位，也就是從一黨多元主義更進一步，建立西
方式的民主體制。這股力量主要是來自俄羅斯的自由派和異議分
子。至於民族自決運動則要求蘇聯的各個加盟共和國有獨立的主
權地位，可以自行決定是否留在蘇聯。這股力量主要是來自各共
和國的民族主義分子。激進的民主化和民族自決運動一旦付諸實
現，必然會導致蘇共政權和蘇聯的崩解，這和戈巴契夫推動改革
的始意是完全不符的。

民族問題爆發時期（1989～1990）

　　戈巴契夫雖然在黨內的權力鬥爭當中一路斬將搴旗，無役不
勝，但是由於他的資歷淺，權力基礎不深厚，又必須面對元老派

❷見❶，Guillermo O'Donnell, et al., p. 7.

❷參見 Sidney Tarrow, "Understanding Political Change in East-
　ern Europe," *Political Science and Politics*, vol. 24, no. 1 (1991),
　pp. 12-20.

和保守官僚的抵拒,所以花費了四年的時間才將權力鞏固。但是在這一期段間,他的政治改革已經將各種社會力量充分動員,並且四下蔓延,向他所意料不到的地方波及,一發而不可收拾。在這其中最嚴重的便是民族問題的爆發。

戈巴契夫在改革過程中最大的失算就是他對蘇聯的民族問題估計不足。㉒他後來在訪問臺灣的時候便提到:「我們當時認為,民族問題早已解決,民族已不是問題。這一點我們犯了大錯。」㉓蘇聯的民族複雜,共有一百七十多個,使用兩百二十多種語言,幾乎都是在帝俄時代被俄羅斯所征服的。㉔這個「民族監獄」會有族群問題是毫不令人意外的。不過蘇聯在國家建立之初採行了聯邦制來重新整合各民族,建立了以民族為基礎的共和國,並給予各少數民族在文化上相當大的自主權。從 1930 年代以來,蘇聯經歷了高速的工業化,將各族人民的生活環境完全改觀,又提倡蘇維埃愛國主義,不遺餘力地推動共產主義的教化,所以到了 1980 年代末期,許多人相信官方的說法,認為蘇聯的民族問題已經大體解決,不再構成危機。戈巴契夫本人是俄羅斯人,又沒有在少數民族的共和國擔任過工作,所以很自然地便輕忽了蘇聯的

㉒Gail W. Lapidus, "Gorbachev's Nationalities Problems," in Alexander Dallin and Gail W. Lapidus, eds., *The Soviet System in Crisis* (Boulder, Colo.: Westview, 1991).

㉓聯合報社編,《戈巴契夫的新思維》(臺北:聯經,民國 83 年),頁 106。

㉔劉天均,〈地理〉,畢英賢主編,《蘇聯》(臺北:政治大學國關中心,民國 78 年),頁 133。

民族問題。

　　一般的民族獨立運動都包含了兩個原因。第一個是種族的不同，第二個是社會價值分配不公平。如果少數民族將自身在政治，經濟或文化上所處的劣勢地位歸諸於種族歧視，他們民族主義的情緒便會昂揚起來。此時他們如果能夠找到一個領土的基礎，便會產生自治或獨立的要求。❷⑤就蘇聯的情形而言，各民族間的原生性差異（primordial differences）實在太大，雖然有移民，通

❷⑤關於民族和民族主義的定義，參見 Ernest Gellner, *Nations and Nationalism* (Ithaca: Cornell University Press, 1983)；關於民族主義的概念在歷史上的發展和與現代化的關係，參見 Hedva Ben-Israel, "Nationalism in Historical Perspective," *Journal of International Affairs*, vol. 45, no. 2 (Winter 1992), pp.367～397; Alexander J. Motyl, "The Modernity of Nationalism," *Journal of International Affairs*, vol. 45, no. 2 (Winter 1992), pp. 307～323；關於用種族的因素來詮釋民族主義的起源，參見 Anthony Smith, *Theories of Nationalism* (New York: Holmes and Meier, 1983), p. ix～xli；關於用分配不均來解釋民族問題的起源，參見 David Laitin, "The National Uprisings in the Soviet Union," *World Politics,* vol. 44, no. 1 (1991), pp, 139～177；關於聯邦主義和領土基礎對民族問題的影響，參見 Ronald G. Suny, "State, Civil Society and Ethnic Cultural Consolidation in the USSR: Roots of the National Question," in Alexander Dallin and Gail W. Lapidus, ed., *The Soviet System in Crisis* (Boulder, Colo.: Westview)；關於將種族因素和分配因素合併考慮，參見 Veljko Vujacic and Victor Zaslavsky, "The Causes of Disintegration in the USSR and Yugoslavia," *Telos,* no. 88 (1991), pp. 120～140；及吳玉山，〈蘇聯與南斯拉夫的解體及其對北約的影響〉，《美國月刊》，第 77 期（民國 81 年九月），頁 4～18。

婚和雜居等交流的過程,但是各族人民間仍然有明顯的不同,同化的程度有限。另一方面,快速的現代化帶來的不僅是社會流動,也造成分配不均。位在西北較富裕的共和國(例如波羅的海邊的愛沙尼亞,拉脫維亞和立陶宛)抱怨莫斯科將他們的資源汲取去貼補南方較窮困的共和國;而後者則抱怨莫斯科對它們沒有適當照顧,強迫它們接受對自身發展不利的生產分工(例如烏孜別克就成為生產棉花的大本營),錯失了經濟成長的契機。在政治上,雖然各共和國名義上是由本族人統治,但是實際權力卻是集中於由俄羅斯人所擔任的第二書記手中。在莫斯科的中央政府也是由俄羅斯人所宰制。在這裡我們可以發現,各民族間殘存的原生性差異和分配的不均勻是相互增強的。至於聯邦制的政治體系則給予了蘇聯十四個最大的少數民族加盟共和國的地位,提供了這些民族領土基礎,建立了本土的官僚體系,容許各共和國採取獨惠本國語言和文化的政策,連帶地鼓勵了各共和國民族主義的興起。❷⓺原生性的因素,對分配的不滿,和聯邦制所提供的政治基礎創造了族群危機的環境。但是在過去,由於共黨政權擁有強大的壓制力量,蘇聯的族群危機還不至於爆發。到了戈巴契夫政治改革之後,局面便完全改觀。

民族問題的轉捩點是 1989 和 1990 年全國和地方人民代表大會的選舉。過去在布里茲涅夫的時代,族群的和諧是透過中央收

---

❷⓺Zbigniew Brzezinski, "Post-Communist Nationalism," *Foreign Affairs*, vol. 68, no. 5 (1989/90), pp. 1~10.

買地方的民族統治菁英來達成的。㉗結果是「小布里茲涅夫」型的人物掌控了各個加盟共和國的政局。他們獲得了終身的職位保障，以及對當地事務相當的自主權，因此願意順從莫斯科的領導。這些地方上的統治菁英貪污腐化，和莫斯科的共黨頭子沆瀣一氣，正是戈巴契夫所要剷除的對象。他所推行的差額選舉制迫使各共和國的領導階層由依賴莫斯科轉向當地的社會尋求支持。這些共黨的領導人發現他們所面對最強勁的對手就是各國的民族主義份子。㉘為了在選舉中獲勝，老共黨領袖開始主張本地的利益，和莫斯科抗爭，要求獨立的地位。這種態勢在波羅的海三國中表現地最為明顯，原因是這三國的人民因為歷史的因素最為反俄。

　　在 1986 年十二月，戈巴契夫撤換了哈薩克的共黨第一書記庫那耶夫（Dinmukhamed Kunayev），而代之以俄羅斯人科爾賓（Gennadi Kolbin），結果造成哈薩克首府阿瑪阿達（Alma Ata）的大規模群眾抗議事件。這是戈巴契夫上臺後所遭遇的第一個民族問題。次年，在莫斯科的克里米亞韃靼人舉行示威，波羅的海國家也出現群眾抗議事件。到 1988 年，亞塞拜然和亞美尼亞兩個外高加索共和國為了那戈羅──卡拉巴赫（Nagorno-Karabagh）的歸屬問題爆發激烈的戰鬥。這場蘇聯的共和國之間規模最大的武裝衝突之所以爆發，就是因為居住在那戈羅──卡拉巴赫的亞美尼亞人受到戈巴契夫改革的鼓舞，想要脫離亞塞拜然的統

㉗布里茲涅夫在 1971 年宣布蘇聯的民族問題已經被解決了，一種「新蘇維埃人」已經被創造出來了。

㉘參見㉒，Lapidus, "Gorbachev's Nationalities Problems," p. 435.

治，歸入亞美尼亞的版圖。❷這場戰事綿延迄今未決。同年，波羅的海的獨立運動開始展開，三國的人民陣線（popular fronts）分別成立。在 1989 年的人民代表大會選舉中，主張獨立的人民陣線獲得大勝，共黨也向他們靠攏，努力向莫斯科爭取自治的地位。很快地主張獨立的政治團體在喬治亞和摩達維亞等地也分別出現。從 1989 年開始，民族獨立運動的浪潮開始席捲全國。族群危機也變成影響蘇聯絕續存亡的關鍵問題。

保守派反撲時期（1990～1991）

在 1990 年，戈巴契夫更進一步地鞏固了自身的權力地位。他擴張了國會（人民代表大會和最高蘇維埃）的職能，建立了一個權力極大的總統職位，並動員國會選舉他為總統。這樣做使得他能直接從社會獲得合法性，而繞過了保守的共產黨官僚。在他的權力登峰造極之際，戈巴契夫卻開始收緊政治的韁繩，採取了保守的路線。在 1990 年底，他任命了一批保守派進入內閣。他對外的政治態度也轉趨強硬。在 1991 年一月，波羅的海國家的獨立運動更熾，蘇聯的武裝部隊開進立陶宛首都維爾紐斯（Vilnius）強力鎮壓，造成轟動國際的事件。戈巴契夫對此佯作不知情，容認軍方的做法。然而在政治收緊的同時，延宕再三的經濟改革卻開始起步。保守的總理瑞希可夫去職，由財經官僚巴夫洛夫（Val-

---

❷Ronald G. Suny, *The Revenge of the Past: Nationalism, Revolution, and the Collapse of the Soviet Union* (Stanford, Calif.: Stanford University Press, 1993), p. 133.

entin Pavlov) 代之。新總理上臺後，立刻採取措施抽緊銀根，命令將面額 50 和 100 盧布的大鈔限期收回，禁止流通。⓿接著在四月又進行物價改革。這些措施是用來穩固金融，遏制通貨膨脹，爲以後的市場化改革鋪路。所以在 1991 年初，一方面我們看到政治緊縮後退，一方面又看到經濟改革開步走。這個似乎矛盾的現象，其實符合我們對當時蘇聯政治局面的理解。

在 1990 年末，戈巴契夫又是蘇共的總書記，又是權傾一時的國家總統，集黨政大權於一身，在體制內無人能與匹敵。然而，多年的公開性和民主化的改革卻使各種社會力量興起，挑戰共黨的統治地位。各共和國的民族主義分離運動越演越熾，使蘇聯面臨崩解的危機。在這種情況底下，戈巴契夫如果再不提振公權力，壓制激進的民主派和少數民族的分離主義，則黨國崩潰，改革的意義將全失。另一方面，政治改革的目的是藉社會力量擊敗政敵，鞏固戈巴契夫的地位，現在這個目標已經達成，是到了可以收緊政治控制的時候了。由此我們可以了解，戈巴契夫在政治上轉向保守是很自然的舉動。由於政治的準備工作基本上已經完成，戈巴契夫已經登上了權力的最高峰，經濟改革自然應該開始大規模

⓿一般的西方經濟學家都認爲社會主義國家的經濟改革第一步應該是抽緊銀根，穩定金融，然後再進行市場化和私有化。蘇聯禁止大鈔通行的做法雖然獨斷，卻基本上符合經濟改革的順序。關於經改措施的最適序列，參見 Stanley Fischer and Alan Gelb, "The Process of Socialist Economic Transformation," *Journal of Economic Perspective*, vol. 5, no. 4 (1991), pp. 91〜105.

地執行。所以經改措施是和政治的緊縮同時出現的。在中國大陸，鄧小平於 1978 年底中共十一屆三中全會之時，藉西單民主牆的力量鬥倒了華國鋒，到了 1979 年三月，他一方面拋出四個堅持，重新加緊控制政治，一方面大幅度地開展農業改革和對外開放。❸ 這也是在改革派確實掌握政權之後，經濟改革和政治緊縮同步推出，可以和戈巴契夫在此時的處境相比擬。❷ 事實上，蘇共正試圖走向中國大陸政治緊，經濟鬆的改革道路。這一點中蘇共雙方都很清楚。❸

　　不過和中國大陸比較起來，蘇聯的族群危機嚴重，戈巴契夫的政治改革又已經進行了五年，此時各共和國的分離主義勢力實在難以用武力壓制。到了 1991 年三月之後，戈巴契夫審時度勢，決定還是用政治解決。❹ 在 1991 年戈巴契夫傾全力來維繫住蘇聯

---

❸ 關於鄧小平在這個時刻政治路線的轉換，參見阮銘，《鄧小平帝國》（臺北：時報文化，民國 82 年），第二編。

❷ 關於中國大陸的政治變遷，我們將在第五章中作詳細的分析。

❸ 蘇聯此時不僅在內政上採取鄧小平式的政治緊，經濟鬆的改革策略，在外交上也不斷地和中國大陸靠近。於是國防部長亞佐夫（Dimitri Yazov）和內政部長普哥（Boris Pugo）先後訪問大陸，而李鵬與江澤民也造訪蘇聯。大陸方面深切地感受到蘇共的轉變，所以對戈巴契夫也在這一段時間當中有了不一樣的評價。關於蘇共在路線上向中國大陸靠攏，以及中共對此的理解和反應，參見 John W. Garver, "The Chinese Communist Party and the Collapse of Soviet Communism," *The China Quarterly*, no. 133 (March 1993), pp. 5-12.

❹ 關於戈巴契夫在這個時刻路線的轉折，參見馮紹雷，《一個歐亞大國的沈浮》（臺北：五南，民國 82 年），頁 121。

的生存，他舉行公民投票，又和各共和國達成簽署聯邦條約的協議，希望在確立了國家新的政治架構之後，可以全力進行經濟改革。但是戈巴契夫在 1990 年末 1991 年初所拔擢的保守主義分子卻不能容忍他政治路線的轉換，認爲新聯邦條約代表蘇聯的解體，所以在八月條約簽訂的前夕發動政變，將戈巴契夫軟禁起來。由於戈巴契夫已經將其主要的政敵剷除，並且把軍事情治部門的權力大幅削弱，政變在一開始就缺乏成功的條件。政變的結果使得蘇共黨內的改革和保守力量相互對消，結果爲黨外的自由主義分子製造了絕佳的機會。

政權最後的崩潰（1991 年八月至十二月）

從 1986 年到 1991 年在戈巴契夫的政治改革之下，蘇聯的社會力量不斷成長。始則有各種團體爲不同的社會議題（例如宗教自由，反對阿富汗戰爭，勞工問題，爭取人權等）而向政府抗爭。到 1989 年之後，社會運動轉化成政治運動。一方面民族主義的政治團體在各共和國如雨後春筍般地出現，一方面「民主俄羅斯」成爲俄羅斯聯邦境內反對共黨專政力量的大結合。這兩股勢力分別從民族主義和民主政治的立場來挑戰蘇共政權的合法性。由於蘇聯的經濟情勢每況愈下，經濟改革在國家面臨分崩離析之際根本無法進行，所以人民的物質生活益發困窘，對政府的信心也逐漸喪失。另一方面，公開性和民主化剝奪了共黨政權用武力鎮壓社會的意志和能力。所以蘇聯在 1991 年末所面臨的局面是共黨政權的合法性破產，又沒有足夠的經濟力或強制力來撐持。族群，參與,經濟和公權力等四大危機紛至沓來,政治體系出現嚴重的超載局面。八月政變是共黨政權在面臨崩潰之際所爆發的內部鬥爭,其結果是更削弱了體系所殘存的合法性和強制力。 **㉟**

　　最後埋葬蘇共政權和蘇聯的是俄羅斯民主派與各共和國分離主義力量的結合。在這裡的關鍵人物是葉爾欽。葉氏原本是蘇共黨內的改革派,是戈巴契夫由地方調到莫斯科來翼助戈氏推展改革的健將。但是戈葉二人對改革的範圍和速度看法不同,這中間也夾雜了互爭權力的因素。在 1988 年黨代表會議的時候,葉爾欽公開和戈巴契夫決裂,並在兩年後蘇共二十八大的時候退黨,此後成為黨外自由派的領導人物。葉爾欽在 1990 年被俄羅斯的人民代表大會選舉為國會主席,次年他又在俄羅斯總統直選中獲勝,曾屢次公開挑戰戈巴契夫。葉爾欽在八月政變中力挽狂瀾,保衛了俄羅斯的國會。他領導的黨外民主力量趁著共黨內部改革和保守兩派自相殘殺之際迅速崛起。在政變失敗,戈巴契夫遇險歸來之後馬上掌握全局。對葉爾欽而言,如果蘇聯解體,俄羅斯成為獨立的主權國家,他就可以藉俄羅斯第一任民選總統的身分,攫取最高的權力,完全排除戈巴契夫的陰影。這個考量使得在他領導下的俄羅斯民主派和各共和國的分離主義分子產生了共同利益。十二月一日烏克蘭公民投票通過主權獨立,葉爾欽馬上和烏克蘭的總統克拉夫邱克(Leonid Kravchuk)與白俄羅斯的最高

㉟ 關於政變的經過,參見李玉珍,〈蘇聯「八月政變」〉,《問題與研究》,第 30 卷,第 11 期(民國 80 年十一月),頁 14〜24;及尹慶耀,《蘇維埃帝國的消亡》(臺北:五南,民 83 年),第 17 章。

蘇維埃主席舒施凱維支（Stanislau Shushkevich）商議，在十二月八日成立獨立國協，一舉埋葬了蘇聯。❸❻在我們的危機路徑圖來看，蘇聯走的是第四個路徑，其最終的結局便是共黨政權在參與，族群，經濟和公權力等四重危機的壓力下崩潰。

第二節　匈牙利的民主改革

匈牙利在 1980 年代後期的政治改革和蘇聯極其相似。二者都是淵源於深刻的經濟危機，而由共黨內部改革派的菁英所策動，並且都是採取由上而下的形式。政治改革的目的都是發動和援引社會力量，來進行黨內的權力鬥爭。從兩國所處的危機局面來看，匈牙利和蘇聯的共黨政權在改革之初，都面臨了參與，族群和經濟的危機。在改革的過程當中，國家專政的能力喪失，引發了公權力的危機。原有被壓抑的民族情緒，對共黨專制的反感，和對經濟狀況每況愈下的不滿此時都藉著新開放的政治渠道宣洩出來。在這種多重危機的壓力之下，兩國的共黨政權雖然採取了不同的因應對策，但都不免於傾覆的命運。我們現在把匈牙利在1980 年代的政治發展分成四個階段，以方便分析。這四個階段是：卡達統治後期（1980 年代初），黨工的政變（coup of the apparat, 1985～1988），激進改革派的勝利（1988～1989），和最

---

❸❻畢英賢，〈俄羅斯聯邦的政局〉，《問題與研究》，第 31 卷，第 3 期（民國 81 年三月），頁 42～52；馮紹雷，《一個歐亞大國的沈浮》，頁 152～160。

後的失敗（1989～1990）。**㊲**

卡達統治後期（1980年代初）

　　亞諾什·卡達（Janos Kadar）是1956年匈牙利抗暴事件被蘇聯平定後由莫斯科所扶植出來的匈共領袖。匈牙利人一向反俄，在二次大戰戰敗後匈牙利被蘇聯紅軍佔領，匈共因而得勢，但是一直被匈牙利人視爲莫斯科的傀儡。匈共總書記拉科西（Matyas Rakosi）在位時執行史達林的政策，實行社會主義改造，全力發展重工業，強制推行農業集體化，政治上採行極權統治，用祕密警察偵伺臣民，大肆整肅異己，搞得天怒人怨。這一切對匈牙利人民而言，不僅是共黨政權的暴政，更被視爲異族統治的結果。在1956年，匈共中的改革派納吉（Imre Nagy）趁著赫魯雪夫貶史的時機奪得政權，推行一系列政治和經濟的改革措施。他甚至主張匈牙利在國際事務上也採取中立的立場，要退出蘇聯集團，結果招來莫斯科的武力鎮壓。納吉被處死，卻成爲匈牙利人的民族英雄。1958年的抗暴事件是承續了1848年匈牙利人反抗奧地利統治的精神。兩個反對異族統治的事件在匈牙利人

㊲關於匈牙利政治變遷的過程，參見洪茂雄，〈論匈牙利民主化的發展〉，《問題與研究》，第28卷，第7期（民國78年四月），頁22～35；洪茂雄，〈論匈牙利政權轉移過程〉，《問題與研究》，第29卷，第8期（民國79年五月），頁1～11；及洪茂雄，《東歐變貌》（臺北：時報文化，民國80年），第四章。

民的心中是等量齊觀的。❸從這個背景來看，卡達政權從一開始就必須面對極強烈的族群危機，因爲他是俄國人在殘酷鎮壓了匈牙利民族主義運動後所扶植出來的傀儡。卡達政權雖然不是異族，但卻接受莫斯科的號令，而爲匈牙利的民族主義所不容。這種狀況在東歐普遍存在，可以視爲東歐共黨政權的「原罪」。在匈牙利，由於曾經經驗過全民抗暴和蘇聯的血腥鎮壓，所以卡達政權的合法性更是極端薄弱。簡言之，在蘇聯的族群危機是源於佔人口一半的非俄羅斯人反對莫斯科的統治；在匈牙利的族群危機則是源於人民反對由蘇聯所扶植的傀儡政權。前者的自然要求是建立自己的民族國家，從蘇聯分離出去。後者的自然要求則是取消共產黨的統治，擺脫莫斯科的控制。

正就是因爲卡達知道自己的合法性薄弱，所以急於想提升人民的物質生活水準，以鞏固匈牙利社會主義工人黨的權力地位。❸這種危機感促使卡達在東歐推行了最爲深入的經濟改革。他先在 1960 年代初將匈牙利的集體農業加以改革，放鬆中央控制，允許私有地，使效率大爲增加。❹從 1968 年到 1972 年，卡達推行

---

❸關於匈牙利民族主義在反對共黨政權上的意義，參見 Timothy Carton Ash, *The Magic Lantern* (New York: Random House, 1990).

❸Bennett Kovrig, "Hungarian Socialism: The Deceptive Hybrid," *Eastern European Politics and Societies*, vol. 1, no. 1 (1987), pp. 113~134.

❹雖然在各個東歐國家，共黨政權都意圖用經濟改革來彌補自身合法性的不足，但是匈牙利明白地將自身的統治基礎置於政權的經濟表現之上，這是極爲罕見的。在共黨政權中只有日後鄧小平時代的中共才表現出同

了「新經濟機制」（New Economic Mechanism, NEM），希望藉引進市場競爭來提高企業效率，但同時保持住社會主義公有制，也就是實行市場社會主義（market socialism）。這個改革雖然當時在東歐是極具前瞻性的，但是由於仍然保持了許多國家控制的「槓桿」，也就是行政當局干預市場的工具，所以事實上是不完全的市場化改革，是「指導性的計劃經濟」（guidance planning），或稱「間接官僚控制」（indirect bureaucratic control）。

❹新經濟機制在推行的四年當中，爲匈牙利帶來相當好的經濟實績，但是由於造成嚴重的分配問題，使得藍領工人極度不滿，再加上蘇聯和匈共黨內保守派的壓力，終於促使卡達在 1972 年放棄改革，重新走上統制經濟的老路。不過由於傳統的制度缺乏效率，1970 年代又有兩次嚴重的能源危機，所以到了 1979 年匈牙利又展開了新一波的經濟改革，或稱「新新經濟機制」（New NEM）。這一次的經濟改革一方面是徹底的市場化，包括和世界市場接軌，以及加大國營企業的自主權；另一方面政府將個體戶和承包制合法化，又引進股分制；匈牙利並且成爲東歐第一個推行所得

樣的危機感。見 Judt Batt, *East Central Europe from Reform to Transformation* (New York: Council on Foreign Relations Press, 1991), p. 369.

❹這就是我們在第三章所提到的第三類經濟改革。關於匈牙利的經濟改革，參見 Yu-Shan Wu, *Comparative Economic Transformations: Mainland China, Hungary, the Soviet Union, and Taiwan* (Stanford: Stanford University Press, 1994), ch. 3.

稅制的國家。這些措施在東歐都是極為先進的。但是新新經濟機
制並不能帶來足夠的效率。從 1985 年開始，匈牙利的經濟成長近
乎停滯。人民對共黨政權處理經濟問題的信心也跌落到谷底。**42**
物價不斷上漲，而政府的補貼又受到刪減。外債不斷積累，致使
匈牙利國民平均擔負的外債在東歐各國中居於第一。**43** 一個經濟
危機已經出現，這對於長期倚賴經濟表現來爭取人民支持的匈共
政權來說，實在是一個最嚴重的局面。**44**

　　縱觀卡達時代的統治，一方面有嚴重的族群問題，一方面由
於是共黨專政，自然不能符合民主的要求。1958 年的抗暴事件凸
顯了匈共政權缺乏合法性，所以卡達的統治只有訴諸於共黨專政
的力量，和經濟改革為匈牙利人民所帶來較高的生活水準。**45** 但
是局限於社會主義框架之內的經濟改革到了 1980 年代中期已經
再衰三竭，沒有辦法增進匈牙利經濟的效率。因此我們可以說，
在卡達政權的末期，族群，參與和經濟危機都已經成形。當時撐
持匈共政權最大的力量是共黨的專政機構，而這個力量又是由蘇

---

42 Nigel Swain, *Hungary: The Rise and Fall of Feasible Socialism*
(London: Verso, 1992), p. 14.

43 Georges Schopflin, Rudolf Tokes, and Ivan Volgyes, "Leader-
ship Change and Crisis in Hungary," *Problems of Communism* ,
vol. 37, no. 5 (1988), p. 25.

44 Janos Kis, "Postcommunist Politics in Hungary," *Journal of
Democracy*, vol. 2, no. 3 (1991), p.4.

45 卡達政權的這個做法正反映了我們在第三章中所提到的各種國家控制力
的互補性。

聯所支持的。由於蘇聯從戈巴契夫上臺後在外交路線上採取「新思維」的路線，極力和西方交好，對東歐保守的共黨政權敬而遠之，所以類似 1956 年的大規模武裝干預已經愈來愈不可能了。少了蘇聯的支持，匈共政權的唯一出路就是以超越社會主義框架的經濟改革來挽救匈牙利的經濟沈痾，而這個舉動需要放棄共產主義意識形態的基本堅持。在此種情況之下，卡達卻根本不願承認匈牙利有經濟危機。他已經由一個有遠見的改革家變成一個只想保持住自身權位的老獨裁者。對匈牙利的改革派而言，必須除去卡達，匈共才有希望。

黨工的政變（1985～1988)

從 1985 年開始匈牙利的經濟狀況急速惡化，黨內的權力鬥爭也開始日趨激烈。在社會主義工人黨中一共有三種力量。第一個是由卡達所領導的保守派勢力。由於卡達已經衰老，他乃屬意貝列茲（Janos Berecz）為其繼承人，來承續其保守路線。貝列茲曾自命為「匈牙利的李加喬夫」，他全力捍衛卡達的政策，並且和蘇共內部的保守勢力相結合。❹保守派不願意承認匈牙利有任何經濟危機，反對超越市場社會主義的經濟改革，或是較一黨多元主義更進一步的政治改革。他們基本上主張維持現狀。對於蘇聯所嘗試的新政，保守派認為匈牙利在 1960 和 1970 年代早就已經

---

❹參見❹，Schopflin, et al., "Leadership Change and Crisis in Hungary," p. 25.

試驗過了，故而沒有仿效的必要。❹第二個力量是溫和的改革派，或是中派。這個力量的領袖是葛羅斯（Karoly Grosz）。葛羅斯原來是布達佩斯的黨書記，並在 1987 年六月被升爲爲總理。他是匈牙利的戈巴契夫。葛羅斯的理念是採用激烈的經濟改革來挽救匈共政權。對他而言，爲了爭取社會的支持，有限度的政治自由化和民主化是可以接受的，但是政治改革絕不可以危及共產黨的統治地位。最後，愛國人民陣線（Patriotic People's Front, HNF）的總書記波施蓋伊（Imre Pozsgay）帶領了一批激進的改革者，包含了當年新經濟機制之父尼亞施（Rezso Nyers），希望把匈共改造成一個西歐式的社會民主黨派。他們主張改變生產工具的所有權制，放棄一黨專政，實行多黨民主。波施蓋伊就好比蘇聯的葉爾欽，只不過他所領導的激進改革派在匈共黨內根柢深厚，最後主導了黨的路線；而葉爾欽卻必須脫離蘇共，再以黨外的地位挑戰中派的戈巴契夫。波施蓋伊和激進改革派的最終目的還是在使匈共能繼續掌握政權。

　　從 1985 年以後，卡達的市場社會主義已經破產。多數的匈牙利經濟學家都感到必須要有一個所有權的改革，也就是市場化已經不足，必須繼之以私有化。然而卡達和貝列茲等人卻反對此種

---

❹Laszlo Bruszt and David Stark, "Remaking the Political Field in Hungary: From the Politics of Confrontation to the Politics of Competition," in Ivo Banac, ed., *Eastern Europe in Revolution* (Ithaca: Cornell University Press, 1992), p. 22.

變革。❹溫和的改革派（葛羅斯）和激進的改革派（波施蓋伊）發現自己沒有辦法透過單純黨內鬥爭的方式來除去卡達和他的保守勢力，所以聯合起來，試圖動員社會的力量，以制服保守派的政敵。這個態勢和蘇聯相似。當時（1985 年之後）戈巴契夫聯合了葉爾欽、謝瓦那澤、亞科夫列夫等激進的改革勢力，發動了公開性和民主化，來和蘇共黨內的保守勢力對抗。但是和中國大陸不一樣，因爲當年（1978 年底，1979 年初）鄧小平有足夠的黨內威望和勢力，可以在「北京之春」短暫地和社會民主力量相結合之後，就立刻轉回共黨專政。葛羅斯和戈巴契夫的黨內力量較小，所以必須仰賴較長時間的政治改革來清除政敵。鄧小平有足夠的黨內勢力，所以他的政治改革只是讓大眾鳴放一下，在迅速鬥倒政敵之後，馬上就收緊控制，拋棄了政改，全力走向經改。改革派在黨內的力量不同，遂使得蘇聯匈牙利和中國大陸的共黨政權走上了截然不同的道路。

---

❹舉例而言，改革派的經濟學家 Laszlo Antal, Laszlo Lengyel 及 Marton Tardos 在波施蓋伊和尼亞施的支持之下曾提出一分經濟改革的藍圖：「轉向與改革」（Turnabout and Reform），並在 1986 年底經由愛國人民陣線送交匈共的中央委員會審議。然而，由於中委會認爲愛國人民陣線不適於提出這種全國性的經濟改革計劃，所以予以擱置。在 1987 年，改革派所掌握的財政部財政研究所「因爲經濟的原因」被裁撤。從年底開始，卡達在一連串的演說和電視訪問中否認匈牙利有任何經濟危機。這些例子清楚地證明在卡達的統治下，徹底的經濟改革是不可能的。參見❷，Swain, *Hungary: The Rise and Fall of Feasible Socialism,* p. 17.

發動政治改革的是葛羅斯。他極力串聯政府機構，公共團體和共黨組織，來形成自己的勢力。葛羅斯首先掌握了政府的機關報（Magyar Hirlap）和其它宣傳喉舌，來對抗受貝列茲所控制的共黨機關報（Nepszabadsag）。他在電視上不斷地出現來塑造自己的形象。由於佔據總理的有利位置，葛羅斯放手讓國會議員公開辯論，使得國會成為萬方矚目的焦點，同時也是他自己的論壇。葛羅斯主張課徵所得稅，來挽救國家的財政危機。他了解這個動作對他不利，所以更積極提倡公開辯論，鼓勵人民自由表達意見。他並且盡力拉攏基層和各種利益團體。這種種的動作，和戈巴契夫的公開性非常類似。葛羅斯的目的是喚起社會對時政的批評，要求人民支持主張改革的行政當局，而反對受保守派控制的共產黨。這也正是戈巴契夫的策略。在葛羅斯推動自由化的同時，波施蓋伊以愛國人民陣線為基礎，開始組織一個全國性的激進改革運動。當時溫和和激進的改革派合流，共同發動社會力量，來鬥爭掌權的保守派。

在 1987 年十二月，匈共決定在第二年五月召開一個黨代表會議。這和蘇聯要在 1988 年召開黨代表會議的決定如出一轍。葛羅斯看準了戈巴契夫在蘇聯對保守派步步進逼，最後一定會在權力鬥爭中取得成功，所以便和蘇聯的改革派協同作戰，希望在匈牙利也取得同樣的勝利。在 1988 年初，葛羅斯正式向卡達挑戰，爭取總書記的職位，而卡達也被迫下鄉爭取支持，兩人遂展開一場基層的爭奪戰。保守派接著動員了工人衛隊，也就是共黨自己的武裝力量；促使黨中央告誡波施蓋伊和尼亞施；並且將四位著名的知識分子驅逐出黨。但是在五月的代表會議當中,葛羅斯仍然擊敗了卡達,被選為新的總書記,而卡達則成為有名無實的「主席」,一如蘇聯的葛羅米科(Andrey Gromyko)。緊接著政治局改組,卡達的同僚全部被清除,而代以波施蓋伊和尼亞施等改革派。葛羅斯自己一人兼總理和黨的總書記,一如戈巴契夫一手抓實權總統,一手又掌握住黨總書記的位子。簡言之,葛羅斯成功地運用了社會的力量,藉著政治改革的聲勢,將保守派的卡達趕出權力的核心。他在1988年黨代表會議後的地位就像是戈巴契夫在蘇共黨代表會議後的地位。直到這一點溫和改革派還是一直掌握全局的。

激進改革派的勝利(1988～1989)

蘇聯和匈牙利的發展到了黨代表會議後出現了不同的局面。在蘇聯激進改革派的葉爾欽退出共黨,開始在黨外建立民主派的力量。在匈牙利激進的改革派卻成功地留在黨內,並且不斷地壓迫中派讓步。葉爾欽在黨外發展起初當然很困難,但是他逐漸利用民主化和選舉的機會成為黨外反對力量的領袖。波施蓋伊和尼亞施則運用以往對付卡達的方法來削弱葛羅斯的勢力。他們更進一步地推動政治改革,援引社會上的反對力量來打擊葛羅斯。這一個策略果然奏效。匈共中的溫和改革派很快就喪失了權力。但是接下來波施蓋伊和尼亞施就必須面對社會上民主力量的挑戰。

在1988年黨代表會議之後,葛羅斯採行的政策是推行全面的經濟改革,但是在政治改革方面則放緩腳步。溫和改革派所想要仿效的是「南韓模式」，就是由一個威權政府將市場機制和國家統制有效地結合起來，以創造高度的經濟成長。❹對葛羅斯而言，政治自由化和民主化並不具有重要的意義。在另一方面，激進改革派卻主張將政治改革全面推進，並且利用社會對他們的支持來向中派奪權。此時民眾的要求主要集中到兩點：在政治上實行完全的多黨民主，以及從蘇聯集團中退出，取得眞正的獨立地位。然而這兩點是葛羅斯的溫和改革派所無法實現的。激進改革派就利用這一點，將由政治改革所引發出來的民間力量都吸引到自己這一邊來。

　　從1988年五月到1989年六月，葛羅斯發現自己的權力基礎逐漸消蝕，因爲他所領導的中派已經變成了昔日的保守派，成爲社會力量攻擊的目標。於是激進改革派的聲勢逐漸上漲，終於凌駕到中派之上。在1988年後半期，兩派互相角力，於是一方面在六月警察強制驅散了紀念納吉的人群，一方面在七月波施蓋伊大談要建立多黨制；在十一月葛羅斯仍在強調「反革命勢力」和「白色恐怖」，而激進改革派則主張將黨內外的「進步勢力」結合起來。到了1989年初，激進改革派已經佔了優勢。在二月的中央委員會會議中，葛羅斯被迫不再稱1956年的抗暴爲反革命事件，而是人民起義。匈共並宣布贊成多黨選舉，而且承諾會尊重人民的選擇。但是仍然堅持任何新的政黨必須接受社會主義，而且共黨所指派

❹Elemer Hankiss, *East European Alternatives* (Oxford: Clarendon Press, 1990), p. 203.

的憲法法庭可以裁決其合法性。接下來反政府的團體在三月十五日（1848年革命紀念日）舉行了前所未有的大規模示威。四月激進改革派的各地方組織在開茨開密特（Kecskemet）聚會，公開討論要將葛羅斯一派驅除出黨。五月卡達辭去黨主席職，共黨宣布放棄對工人衛隊的控制。六月十三日，共黨政府，反對勢力和共黨所控制的社會組織開始舉行三邊談判。十六日納吉被重新安葬，棺木上覆蓋國旗。二十四日，共黨中央成立了四人的主席團，葛羅斯被迫和波施蓋伊，尼亞施，和總理內門特（Miklos Nemeth）共享權力。由於除葛羅斯在外的三人都是激進改革派，葛羅斯實際上已經被架空，權力已經轉移到激進改革派的手中。接下來的三邊談判其實就是激進改革派和黨外的民主反對勢力之間的談判。葛羅斯和中派已經無置喙的餘地。

最後的失敗（1989～1990）

　　從危機途徑的角度來看，匈共政權中的改革派爲了解決經濟危機而發動了政治改革。然而政治改革帶來了公權力的危機，然後又外溢到參與和族群的領域。於是四個危機同時爆發，使共黨政權面臨最大的困境。這個情境，類似戈巴契夫在1990年所面對的局面。同樣是面對多重危機，蘇共所採取的對策是加強政治控制，然後冀圖在經濟改革上有所突破。然而匈牙利的共產黨在面對多重危機時，卻採取了截然不同的對策。波施蓋伊和尼亞施等人趕忙加緊民主化的進程，希望在反對黨形成氣候之前，舉行大選，在有利的選舉規則之下，匈共（或其後繼者）能夠繼續掌握政權。當然無論是蘇共或是匈共都沒有成功，不過他們的最後一擊仍然值得深入研究。

　　匈共的激進改革派採取了加速民主化的策略是基於三個原因。第一個是由於政治改革起於共黨菁英的發動，而不是由社會上的反對勢力所爭取來的，所以匈共政權似乎仍然能夠掌握局面，不像波蘭的共黨政權一樣處處為團結工聯所迫。匈牙利當時最大的反對力量是匈牙利民主論壇（Hungarian Democratic Forum, MDF）。這個政團是在 1987 年由 160 個知識分子所創建，並且獲得波施蓋伊的支持，所以和匈共內部的激進改革派早有淵源。民主論壇代表的是民粹主義的力量，認為匈牙利必須維護自身的文化傳統，不可一昧西化。另外兩個主要的反對力量是自由民主聯盟（Alliance of Free Democrats, SzDSz）和青年民主聯盟（Alliance of Young Democrats, FIDESz）。他們主張匈牙利應該融入西歐，採行西方的政治經濟制度。[50]在 1988 年年底，全匈牙利的反對派組織不超過五十，成員最多不過數千。它們都是由城市中的知識分子組成，缺乏群眾基礎，其中許多又和波施蓋伊與愛國人民陣線有千絲萬縷的聯繫。這樣子的反對派

---

[50]關於民主論壇，自由民主派和青年民主派的政治立場，參見 Misha Glenny, *The Rebirth of History: Eastern Europe in the Age of Democracy* (London: Penguin Books, 1990), p. 74；Andras Bozoki, "Post-Communist Transition: Political Tendencies in Hungary," *East European Politics and Societies*, vol. 4, no. 2 (1990), pp. 211～230.

和波蘭的團結工聯（極盛時在波蘭三千八百萬人口中擁有一千萬的成員）根本無法比擬。**⑤**除了人數少，群眾基礎淺薄之外，匈牙利的反對派還缺乏組織資源，沒有眾望所歸的領袖人物，又提不出完整的政綱政策。所以整個看起來，反對力量不是匈共的對手。改革的共產黨在自由選舉中應該有相當大的勝面。

另外一個促使匈牙利共黨政權加速民主化的原因是匈共改革派對自我的評價。匈牙利一向是共產主義國家當中政治改革和經濟改革的先驅。不論是一黨多元主義或是市場社會主義匈共都勇於嘗試，因此比較起其他東歐的共黨政權來說，匈共仍有相當的治績可言。多年以來，卡達的統治當然不能說是民主，他也一向聽命於莫斯科，因此站在民主政治和民族主義的立場來看，匈共是缺乏合法性的。但是現在匈共是由波施蓋伊等激進的改革派所領導。他們高舉為 1956 年抗暴事件翻案的大旗，標榜自已是納吉的傳承者。波施蓋伊尤其自命為匈牙利民主化的導師。他一方面全力改造共黨，一方面大力為反對運動催生。現在匈共如果加速民主化的進程，波施蓋伊等全國知名的匈共改革派領袖應有很大的機會獲勝。共黨的基層組織，在位優勢，和對宣傳媒體的掌控等都為改革派創造了有利的條件。如果匈牙利能採行總統制，而

---

⑤自由民主聯盟的創始人克什（Janos Kis)自已就清楚地認識到這一點。他說：「在我們這裡，根本沒有像團結工聯那樣有組織的反對勢力，可以輕易動員數十萬的群眾。我們也不向捷克斯洛伐克一樣，在連續好幾個星期裡頭，有數百萬的民眾湧上街頭」。參見注**㊹**，Kis, "Postcommunist Politics in Hungary," p.4.

共黨推出波施蓋伊爲候選人，在完全自由開放的選舉當中，匈共仍有可能繼續掌握政權。

最後，波施蓋伊等共黨領袖除了加速民主化以外也沒有其他的選擇。共黨的專政機構在先前的政治改革當中處處被壓抑，已經士氣渙散，無法動員。鄰近的波蘭舉行了圓桌談判，波共政權對團結工聯大幅讓步，並在六月舉行國會大選，這對匈牙利朝野的示範效應極大，更進一步減少武力鎮壓的可能。在 1989 年下半年，戈巴契夫還能掌握蘇聯的局勢，並且仍在積極推動民主化的改革。他在前一年的聯合國大會演說中提到要從東歐撤軍，此時更不可能會幫助匈牙利共黨政權來鎮壓反對勢力。❺❷此外，匈牙利由於外債嚴重，對西方的經濟依賴極大，因此匈共在採取任何鎮壓行動之前，必須審慎考慮西方的態度。❺❸最後，激進改革派所獲得的社會支持一向是基於波施蓋伊等人推動自由化民主化的努力和貢獻。如果激進改革派在掌握了政權之後反過頭來走武力鎮壓的道路，波施蓋伊等會喪失其力量泉源，他們的黨內地位也將無法確保。

就是在這三個主要的因素影響之下，激進改革派和反對勢力進入圓桌談判。匈共此時的立場很清楚：只要波施蓋伊能成爲民選總統的候選人，而總統又能掌握實權，共黨願意放棄一切的特權，和各反對黨派在自由選舉中公平競爭。顯然匈共認爲，只要

---

❺❷參見"Post-Communist Eastern Europe: A Survey of Opinion," *East European Politics and Societies*, vol. 4, no. 2, p. 176.
❺❸見❹❾；Hankiss, *East European Alternatives*, p. 232.

波施蓋伊出馬，匈共就能贏得總統大選。那時候即使反對派在國會中佔據多數，共黨仍然能藉著控制住總統職位和國會中重要反對黨的位置而居於整體的優勢地位。❺圓桌會議談判的結果是最大的反對黨民主論壇同意匈共的要求，接受波施蓋伊做共黨的總統候選人，並且同意總統直選，選舉日排在國會大選之前。這是代表民主論壇願意給予總統實權，並讓波施蓋伊擔任總統的職位，以換取多黨選舉。但是自由民主聯盟和青年民主聯盟卻反對圓桌會議的結論，要求用公民投票來決定是否應將國會大選提前，並由國會選舉總統。這個動作顯然是要走內閣制，以防共黨藉著波施蓋伊的聲望贏得總統大選，繼續掌權。在十一月二十六日匈牙利舉行公民投票，因為民主論壇杯葛，自民聯和青民聯以些微的差距獲勝。到了 1990 年三月，國會大選舉行，民主論壇獲得了 43% 的選票和國會 386 席中的 66 席，成為第一大黨，並邀小業主黨（Independent Smallholders' Party, FKGP）和基督教民主人民黨（Christian Democratic People's Party, KDNP）合組聯合內閣。由共黨轉化而來的社會黨（Hungarian Socialist Party, MSzP）只贏得了 33 席。❺在接下來的總統選舉中，民主

---

❺Mihaly Simai, "Hungarian Problems," *Government and Opposition*, vol. 27, no. 1 (1992), p. 54.

❺在 1989 年的十月六日至十日，匈共召開第十四次非常代表大會，決定改名為「匈牙利社會黨」（Hungarian Socialist Party, MSzP），放棄共產主義，一黨專政，和階級鬥爭的立場，轉化為西歐式的社會民主政黨。關於社會主義工人黨和社會黨新舊黨章的比較，參見尹慶耀，《東歐集團研究》（臺北：幼獅，民國 83 年），頁 264～266。

論壇和自民聯合作，由國會選出了後者的龔慈（Arpad Goncz）爲總統。共黨統治的時代因而結束。

　　匈共政權的最後一搏至此以失敗收場。這裡最根本的原因是匈牙利的政治體系受到多重危機的壓力，無法承載而終於崩潰。波施蓋伊等激進改革派想用加速民主化的方式來化解參與危機，重新獲得合法性，但是時機不佳。在1989年五月，匈牙利總理內門特命令將匈牙利和奧地利邊境的高壓電鐵絲網拆除，在鐵幕中開了一個窗口。接下來的東德移民潮迅速衝垮了何內克政權，然後波及到捷克斯洛伐克，使雅克什下臺。保加利亞的芮夫可夫政權與羅馬尼亞的喬賽斯古政權也不能免於厄運，在年底前覆滅。這表示匈牙利的鄰近各國都出現了民主革命，共黨政權一個接一個地崩潰。匈牙利的政治改革原本超前其鄰國，此時卻顯得相對落後。匈共改革派的特殊地位因而消失。這就是我們在第三章所提到的當人民的參照點向上移動之後，相對剝奪感便會大增，原來可以接受的政治狀況便成爲抗議的對象。猶有甚者，當時在東歐一片對共產黨的韃伐之聲，匈共自然不免受到波及。除了國際環境之外，匈牙利內部的政治局勢在圓桌會議之後也有很大的變動。自民聯和青民聯等激烈反共的民主黨派勢力大幅擴張，最後竟能在十一月的公民投票中將未來的政府體制由對共黨有利的總統制改變爲內閣制。這一著打破了波施蓋伊和民主論壇之間的默契，使得匈共喪失了最有利的籌碼。國會大選最後是拖延到1990年的三月舉行，當時非共化的浪潮已經席捲全東歐，國內的反對勢力已經長成氣候，而由匈共所蛻變而來的社會黨卻面臨吸收黨

員的困難，和保守派共黨分子的掣肘。❺❻大選的結果，匈共淪爲
在野黨。從整個過程來看，匈共的加速民主化因爲沒有辦法控制
住議程（agenda）和時機（timing）而失敗。一年九個月之後，
蘇共採取緊縮政治的做法，冀圖力挽狂瀾，也同樣是歸於失敗。
蘇共和匈共的例子，說明共黨菁英可以在經過算計之後，發動政
治改革，但是卻沒有辦法掌握住改革的結局。這兩個共產主義國
家都不約而同地走上了第四個危機途徑，最後嚐受到政權崩潰的
結局。

第三節　改革派菁英的失算

　　蘇聯和匈牙利的共黨政權在 1980 年代中期都受到經濟危機
的衝擊。在這兩個國家當中，原本就有族群和參與危機，但是在
過去被共黨用專政力量所壓制。所以在 1980 年代中期蘇共和匈共
所面對的已經是族群，參與和經濟的三重危機。此時維繫政權最
重要的力量便是共黨在過去所展現的武力鎮壓的能力。在經濟改
革的議題上，由於黨內保守和改革兩派的勢力相持不下，改革派
遂決定冒險，用政治改革來發動和引導社會力量，以打擊保守派。
這就是戈巴契夫的公開性和葛羅斯的自由化政策。由於這個政策
的成功，戈巴契夫排除了所有布里茲涅夫時代的老人，而葛羅斯

---

❺❻這些保守的共黨分子仍然維持「匈牙利社會主義工人黨」（Hungarian
　Socialist Workers' Party, MSzMP）的名稱，宗旨，和組織路線。

也肅清了卡達所代表的保守力量。在 1988 年兩黨所召開的黨代表
會議便標誌了兩黨改革派的勝利。不過就政權的穩定性而言，改
革派的勝利是有代價的。政治改革原本是權力鬥爭的工具，但是
一旦實行，便不可避免地削弱了共黨政權專政的力量。也就是自
由化和民主化會在公權力的領域帶來負面的副作用。這個副作用
接著外溢到參與領域和族群領域，激起巨大的社會需求，將這兩
個領域中一向存在的危機表面化。簡言之，爲了應付經濟危機，
共黨改革派的菁英發動了政治改革，結果造成四重危機的局面。

　　蘇共和匈共應付危機併發的策略截然不同，這是因爲在蘇聯
溫和改革派（中派）的戈巴契夫將激進改革派的葉爾欽排擠出去，
而在匈牙利激進改革派的波施蓋伊和尼亞施等人卻把中派的葛羅
斯架空，主導了黨的政策。如果是中派掌權，在鞏固了本身的權
力地位之後，自然會要收緊政治控制，展開大幅度的經濟改革。
所以戈巴契夫在 1990 年末 1991 年初轉向保守，同時試圖推動經
改。在匈牙利，波施蓋伊是葉爾欽一類的政治人物，他相信即使
實行多黨民主，匈共仍大有勝選的可能，所以他的策略是加速民
主化。蘇共轉向保守結果帶來了政權內部的裂痕，中派在緊縮政
治控制時沒有辦法滿足黨內殘存保守勢力的要求，於是二者相互
削弱，在八月政變前後同歸於盡。至於匈共的加速民主化改革，
始則頗具聲勢，然而因爲不能掌握住議題和進度，在國內外不利
因素的夾擊之下，喪失了有利的條件，於敗選後拱手讓出政權。
從蘇共和匈共的例子來看，改革派的菁英出於策略性的思考而發
動了政治改革。然後對政改的副作用及外溢效應無法應付。不論

採取倒退（蘇共）或加速前進（匈共）的對策，都不能挽救共黨政權於危亡。

在本書第三章中對共黨政權的發展提了出三個關鍵性的問題。我們的第一個問題是，「這個共黨政權是不是被莫斯科所控制的」？第二個問題是，「這個政權有沒有經濟危機」？最後一個問題是，「如果有經濟危機，在這個政權中是改革派佔優勢還是保守派佔優勢？」對蘇聯和匈牙利而言，它們都受莫斯科中央的控制，都有經濟危機，在政權中保守和改革派的勢力都很接近，故而改革派有發動社會力量來進行權力鬥爭的可能。兩國的共黨政權不約而同地都走上了第四個路徑，就是在參與，族群，經濟和公權力的四重危機之下土崩瓦解。其他的共黨政權由於對三個關鍵性的問題回答和蘇聯及匈牙利不同，所以走上了不同的發展路徑，也就產生了不同的結局。在下面第五章中，我們將要分析中國大陸和越南共黨政權的發展情形，以與蘇聯和匈牙利相互印證。

第五章 以經濟改革取代政治改革——中國大陸和越南

　　80年代末的民主浪潮衝垮了東歐和蘇聯的共黨政權,但是亞洲的共產主義國家卻能屹立不搖。究竟是什麼因素造成這種政治發展上的巨大分歧?在第四章中,我們看到蘇聯和匈牙利的共黨改革派菁英為了在黨內鬥爭中獲勝,以改造經濟體制,不惜改變遊戲規則,用政治自由化和民主化來發動和援引社會力量,以打擊政敵。然而因為沒有辦法控制政治改革的副作用和危機的外溢效應,造成了四重危機的局面,最後導致政權崩潰。在這整個過程當中,政治改革顯然是關鍵點。在亞洲,一般共黨政權的普遍特徵是不放棄專政的武器,不進行政治改革。對於嚴重的經濟危機,或是藉著強制力予以壓抑,或是透過大膽的經濟改革加以化解。不論有沒有經濟改革,這些政權都表現了強大的存活力。

　　在本章中,我們將要探討中國大陸和越南的政治發展過程。❶這兩個共產主義國家在第三章的危機路徑圖中走的都是第六條路徑。但是越南在一段短時期當中,曾經試驗過蘇聯式的政治改

---

❶限於篇幅,在本書中我們將不探討亞洲另外兩個共產主義國家北韓和外蒙的政治發展過程。

革,也就是路徑七。由於越共及時換軌到路徑六上來,所以能夠免於政權崩潰的結局。在以下的討論當中,我們將先用改良的危機途徑來分析中國大陸政治發展的過程,然後再用同樣的研究途徑來分析越南的政治變遷,最後再將這兩個過程加以比較。

第一節　鄧小平模式:政治緊,經濟鬆

　　中國大陸在受到八九民運和接下來的世界民主化潮流衝擊之下,仍然能維持相對穩定,是因為它在十年前已經走上了第六條路徑,也就是只需要面對參與危機。從 1970 年代中期開始,大陸就經歷了類似蘇聯 1980 年代的權力繼承。當時在經濟和參與危機的交相壓迫之下,改革者憑藉著大陸幹部和人民對文化大革命的普遍反感,迅速地從新毛派手中攫奪了權力,開始大規模的經濟改革。由於經改的成效顯著,經濟危機基本上獲得化解,鄧小平的政權因之得到鞏固。中國大陸在毛澤東死後的整個政治發展過程當中,也有二次因為黨內路線鬥爭而引發了民眾要求民主自由的風潮。當時出現了由路徑六向路徑七換軌的可能。不過由於鄧小平的堅持,中共並沒有真正地實行政治改革。直至今日,中國大陸仍然在路徑六上運行。這整個的發展共可分為四個階段:文革的遺緒 (1970 年代中),改革派的勝利 (1976~1978),從經濟改革到天安門 (1979~1989),和後天安門時期 (1990~1995)。以下我們將用危機途徑來分析這四個階段。

文革的遺緒（1970 年代中）

　　中國大陸和東歐的政治發展有一個很大的不同，就是中共在毛澤東的帶領下，將改造社會的革命運動不斷地延長，一直到毛澤東死亡仍未停止。❷通常共黨政權在建立之初，會先與民休息，同時鞏固對社會的政治控制。接下來便有一段狂飆的改造時期。這個時候權力集中於一個獨裁者手中，他一方面在黨內整肅異己，建立絕對的個人權威；一方面用社會主義改造運動來消滅私有財產，推行恐怖統治。極權主義模式所描繪的便是這一個階段的現象。❸然而這一段極權高壓的時期並不長。由於東歐諸國深受蘇聯政治發展的影響，當史達林死後，各國的「小史達林」（little Stalins）也都先後下臺，而由較具改革色彩的政治領袖繼承。❹毛澤東雖然也接受史達林的冊封，成爲莫斯科所認可的中國共產黨的領袖，但是他以農民爲主的革命路線一直是和共產國際的指令扞格不入的。毛因此和南斯拉夫的狄托一樣，具有本國的社會

---

❷關於此一論點，參見 Lowell Dittmer, *China's Continuous Revolution: The Post-Liberation Epoch, 1949-1981* (Berkeley, California: University of California Press, 1987).

❸ Carl J. Friedrich and Zbigniew K. Brzezinski, *Totalitarian Dictatorship and Autocracy* (New York: Praeger 1963).

❹各國的小史達林是波蘭的別魯特（Boleslaw Bierut），捷克斯洛伐克的高德華（Klement Gottwald），匈牙利的拉科西（Matyas Rakosi），羅馬尼亞的葛羅薩（Petru Groza），和保加利亞的契爾文科夫（Vulko Chervenkov）等。

基礎，和極強烈的獨立思想，絕非莫斯科的附庸。❺在蘇聯進入赫魯雪夫的改革時期之後，中共仍然堅持極權式的共產主義，並在其中添加了毛澤東的激進平等主義，和精神動員的思想。由於毛澤東在中共黨內無人能及的威望，和他靈活殘酷，而又不計後果的鬥爭策略，中國大陸在左傾路線的指導下，將極權政治延續了整整二十七年。在這一段期間當中，任何改革都被打爲「修正主義」或「資本主義」，受到殘酷的鬥爭。而與中國大陸同時在第二次世界大戰之後所建立的歐洲共產主義政權，到了1970年代中期，幾乎都已經進入了強調以經濟表現來滿足人民需求的「後革命」或「後動員時期」。❻

　　從危機分析的角度來看，最重要的是這種連續不斷的政治運動對國家的各種控制力產生了什麼樣的影響。在極權主義的統治之下，人民被強制動員，但是沒有依自己的意願來參與政治的自由和權利。在1957年的時候，共產黨鼓勵知識分子「大鳴大放」，批評時政。但是接下來就是大規模的整肅。到了文化大革命的時候，年輕的學生被動員起來，批判黨和國家的官僚。但是在「三支兩軍」之後，紅衛兵就被解散，並且遣送到偏遠的地區去「挿隊落戶」。長久以來，毛澤東的獨裁極權統治壓抑了大陸人民的參與需求。因此中共政權在毛澤東死亡的時候，是完全缺乏民主的

❺參見 Chalmers Johnson, *Peasant Nationalism and Communist Power* (Stanford: Stanford University Press, 1962).
❻唯一的例外是仿效中共搞文化大革命的阿爾巴尼亞霍查（Enver Hoxha）政權，和厲行個人崇拜的羅馬尼亞喬賽斯古政權。

合法性的。

　　毛澤東式的中國社會主義最大的弱點是它的經濟制度。在第一個五年計劃（1953～1957）的時候，中國大陸依照蘇聯模式建立了強調重化工業和農業集體化的統制經濟。這個制度曾經成功地將蘇聯工業化。❼它基本上是用國家直接掌握生產工具的方法，將資源由農業部門汲取到工業部門中來。然而中國大陸的農村卻由於發展落後不堪搾取，導致經濟成長在第一個五年計劃末期遇到瓶頸。此時蘇聯的赫魯雪夫正在貶史，東歐各共黨政權的「小史達林」紛紛由改革派的共黨領袖取代，而毛澤東在中共黨內的權力地位也受到衝擊。於是毛乃奮力從蘇聯的經濟發展模式中脫出，一方面力求突破成長的瓶頸，一方面擺脫莫斯科的控制。他把內戰時期的平等主義和精神動員提出來，希望藉著調動群眾的積極性來彌補中國大陸資本的不足。然而「三面紅旗」的結果是造成三千萬人民死亡的人為大飢荒。以後雖然有陳雲，劉少奇等官僚派出來收拾殘局，恢復經濟，但是又引發毛澤東所領導的文化大革命來反對官僚派的「資本主義路線」。所以在毛死亡的時候，中國大陸的經濟體制是蘇聯的計劃經濟加上了毛澤東的平等主義，精神動員與地方自立的特色。這種體制比傳統的蘇聯統制經濟還要缺乏效率。❽到了 1970 年代中期，大陸的國民經濟已經

---

❼ Alec Nove, *An Economic History of U.S.S.R.* (New York: Penguin Books, 1982).

❽ Jan S. Prybyla, "China's Economic Experiment: Back from the Market?" *Problems of Communism*, vol. 38, no. 1 (1989), pp. 1～18.

面臨崩潰的邊緣。農村的所得從 1950 年代中期以來一直停滯不前，此時已經出現騷動的跡象。工業的成長波動極大，企業完全缺乏效率，城市也出現了罷工。中國大陸在毛死亡之時正面臨了嚴重的經濟危機。❾

　　雖然面臨了參與和經濟的危機，中國大陸的共黨政權比較起東歐國家而言，仍然佔有優勢。這裡的關鍵點是中共不依賴莫斯科。自從赫魯雪夫貶史，中蘇共鬧翻了之後，中共就走上完全獨立自主的內政和外交路線。在 1960 年代大陸上發生了腥風血雨的文化大革命（1979～1982），毛澤東既反蘇聯的「修正主義」，又反美國的「帝國主義」。一九六九年的「珍寶島事件」更將中蘇共的敵對帶到最高峰。在 1970 年代中共的外交政策轉向，基本上是由「雙反」變成聯美抗蘇，但對美國並未軟化其基本立場。❿由於中共在政治上不依賴莫斯科，反而和共產世界的霸主長期抗衡，因此使中國的民族主義獲得很大的舒展。在族群領域內，不僅沒有合法性的危機，反而提供了中共政權合法性的來源。

---

❾關於中國大陸的經濟發展，參見段賓，張瑞，〈中國資本、資本效率、工資水平和技術進步狀況的歷史分析 1952～1992〉，《中國經濟史研究》，1993 年第 4 期。

❿關於中共外交政策的變動和北京在戰略三角中的關係，參見 Lowell Dittmer, "The Strategic Triangle: An Elementary Game-Theoretical Analysis," *World Politics*, vol. 33, no. 4 (1981), pp. 485～515.

改革派的勝利（1976～1978）

　　毛澤東在 1976 年九月死亡，代表著一個時代的結束。他的繼任人華國鋒有感於中國大陸的經濟落後，決定追求高成長。華在大陸既有的經濟體制之下，推動極具野心的「十年規劃」（洋躍進），強調超高積累，盲目進口國外的機器設備，一昧地重視重工業，使經濟發展嚴重失衡。❶在政治方面，華國鋒試圖利用毛澤東的餘蔭，建立自己的個人崇拜，繼續走「無產階級專政下繼續革命」的道路。他的這些做法，和極權主義社會在獨裁者死亡後必然會向後革命和後動員時期轉化的自然趨勢不合。❷當時的共黨幹部希望從動員式的政治中解放出來，不再終日恐懼。許多在文革時期被整肅的老幹部要求平反，但是華國鋒為了自身的政治利益，不願意為文革翻案。一般人民忍受不了長期的一窮二白，亟望脫貧，但是華國鋒的十年規劃基本上還是史達林重工業化的模式，並不重視民生。這樣的態勢，自然使得黨內的改革派有挑

❶殷一昌，〈從歷史觀點看經濟調整〉，《第十一屆「中美中國大陸研討會」論文》（臺北：政大國關中心，民國 71 年）。

❷參見 Richard Lowenthal, "Development vs. Utopia in Communist Policy," in Chalmers Johnson, ed., *Change in Communist Systems* (Stanford: Stanford University Press, 1970); 以及其 "On 'Established' Communist Party Regimes," *Studies in Comparative Communsim,* vol. 7, no. 4 (1974), pp. 335～358; 和 "The Post-Revolutionary Phase in China and Russia," *Studies in Comparative Communism,* vol. 16, no. 3 (1983), pp. 191～201.

戰新領導階層的機會。從共黨政權發展的階段來看，中國大陸在人為地延長了極權統治達二十七年之後，終於開始向以經濟掛帥的修正主義過渡了。從這個意義來說，大陸開始進入其赫魯雪夫時期。

在嚴重的經濟危機的陰影下，中共黨內以鄧小平為首的改革派和保守派(即華國鋒所代表的「新毛派」)展開了一場權力鬥爭。鄧小平在 1976 年第一次天安門事件之後被開除黨政各職(包括中共中央政治局常委，中共中央副主席，中央軍委副主席，國務院副總理和解放軍總參謀長)，此時便發動力量來為自己恢復工作，但是遭到新毛派的抵制。在 1977 年中共十屆三中全會時，鄧小平一方面讚揚華國鋒的功績，一方面表明願意做華的副手，這就創造了一個有利的時機，讓華國鋒在半被迫狀況下恢復了鄧小平在 1976 年四月前的職務。接著從 1978 年五月到十一月改革派和新毛派在「實踐是檢驗真理的唯一標準」的議題上展開論戰。這場論戰是由改革派所挑起的。其目的是打擊新毛派謹守毛澤東路線的「兩個凡是」的主張。在鬥爭的這個階段，改革派的中共中央組織部長胡耀邦開始大量平反在文革時被整肅的老幹部，包括彭真，薄一波和楊尚昆等人，在中共黨內很快地擴張了反對華國鋒的力量。⑬

在 1978 年十二月舉行的中共十一屆三中全會是改革派和新毛派力量消長的分水嶺。這個會議和以往中共的重要會議不同，

---

⑬阮銘，《鄧小平帝國》(臺北：時報文化，民國 82 年)，頁 38。

因爲在會前的中央工作會議中新毛派還能佔上風，爲全會設定議程，起草決議文字。然而到了會議中間，改革派聯合了西單民主牆的社會力量，一舉壓倒了華國鋒，汪東興和吳德等新毛派，大量平反了毛澤東時代的政治案件，讓胡耀邦擔任中共中央祕書長和宣傳部長，並且否定了「兩個凡是」和「無產階級專政下的繼續革命」。從十一屆三中全會之後，華國鋒的黨政軍各項職位就逐一被剝奪。黨主席的職位在十二大的時候被取消，而由胡耀邦擔任黨的總書記。軍委主席由鄧小平接任。國務院總理一職則落入改革派的趙紫陽手中。因此到了1982年十二大的時候，改革派已經完全掌握住權力，在黨內鬥爭中獲得了全面的勝利。

改革派在三中全會的成功和社會上對政治自由化的要求是相互關聯的。鄧小平雖然在八大（1956）時就出任總書記，是中共第一代的領導人物，但是面對掌握黨政軍最高權力的華國鋒（時任中共中央主席，國務院總理及中央軍委主席），仍然感覺在關鍵點上需要發動和援引社會力量。鄧小平首先在「眞理標準」的討論中表態，支持胡耀邦，鼓勵黨員和社會群眾解放思想，造成了一股主張言論自由，新聞自由，實行民主法治，和爲冤案平反的風潮。接著在北京西單出現了貼滿大字報的民主牆，成爲中外矚目的焦點，「北京之春」的櫥窗。鄧小平當時親自爲民主牆辯護，維持了這個自由的言論廣場，替改革派在當時舉行的中央工作會議和三中全會上創造了有利的態勢。❹但是鄧小平對社會民主運

---

❹同❸，頁50。

動的利用只是短期性的。這是因爲他在中國共產黨內資歷深，威望高，又和大量文革受難幹部利害一致，一旦援引了社會力量在關鍵點上壓倒了華國鋒的新毛派之後，就無所用於民運分子。正是由於這個短期結盟的事實，使得鄧小平不必對社會上的民主力量做出制度性的讓步。因此他在放收之間，享有很大的餘裕。這是和蘇聯的戈巴契夫及匈牙利的葛羅斯等資淺的改革派完全不同。

鄧小平在三中全會期間和民主派有新毛派作爲共同的敵人，所以利害一致。在三中全會開過，新毛派失勢之後，社會民主運動評議時政的對象就只可能是掌權的鄧小平了。在 1979 年二月十七日到三月十六日，鄧小平發動了對越南的「自衛反擊戰」，用以解柬共之危，壓制越南和蘇聯，以及發展與美國的平行戰略利益，爭取美國支持大陸的現代化。但是在這場戰爭裡中共的解放軍師老而無功，表現頗有令人訾議之處。由於鄧小平本人策畫了此一軍事行動，對民間的批評尤其覺得不能忍受。當時魏京生在民主牆貼出大字報「要民主還是要新的獨裁」，指出鄧小平有成爲新的獨裁者的危險。鄧小平既然已經無所用於社會民主力量，面對魏京生等人的批評，便決定鎮壓。在三月下旬的「理論工作務虛會」中，鄧小平發表了左派文人中央副秘書長胡喬木爲他起草的「堅持四項基本原則」，❶❺點名批判了民主牆的學生和工人團體，認爲

---

❶❺這四項基本原則是：堅持社會主義道路，堅持人民民主專政，堅持中國共產黨的領導，和堅持馬克思列寧主義與毛澤東思想。這四項當中，最重要的是堅持中國共產黨的領導。四項基本原則後來寫入 1981 年十一屆六中全會的決議當中，並在 1982 年的新憲法當中加以記載和肯定。

他們「同臺灣以及國外的政治力量相勾結」,「公開反對無產階級專政」。❻接下來就逮捕魏京生等民運人士,展開鎮壓。

鄧小平拋出「四個堅持」和鎮壓民主牆結束了共黨改革派和社會民主運動的短暫結合。鄧小平在沒有對社會做出任何自由化和民主化的制度性讓步之前,就迅速地收緊政治控制。戈巴契夫在 1990 年末 1991 年初,葛羅斯在 1988 年五月後都想要採取同樣的措施,但是他們的政治改革進行太久,已經一發而不可收拾,所以此時已經無法挽回。❼在中國大陸,鄧小平由於是資深的共黨領袖,其鬥爭的對象卻是資淺的新毛派,所以對社會力量的依賴較小,政治改革的程度較淺,所以重新採取政治緊縮的困難也較少。從危機路徑圖上來看,中共在極短的時間之內(從 1978 年十一月到 1979 年三月),曾經走上第七條的發展路徑,但是由於改革派迅速在黨內鬥爭中獲得勝利,並且很快便認識到政治改革對共黨專政的危險,所以立刻換軌到路徑六上來。整個地來說,中共的政治發展基本上是依循著第六條路徑。

從經濟改革到天安門(1979〜1989)

改革派既然已經穩固了政權,從 1979 年開始便展開了經濟改革。就總體上來看,中國大陸的經濟改革顯著地改善了人民的生活,基本上把 1970 年代中期的經濟危機化解開了。但是在改革的

---

❻參見注❸;阮銘,《鄧小平帝國》,頁 62。

❼見第四章。

過程當中，由於成長大幅震盪，通貨膨脹和外貿入超的情況一再出現，使偏重高速成長的鄧小平和著重穩固的陳雲之間出現了路線的分歧。但是這個分歧不是在經濟危機的籠罩之下產生的，所以和改革派（包括鄧小平的成長派和陳雲的官僚派）當年與華國鋒的新毛派之間的衝突有很大的不同。在 1979 年到 1982 年之間，經改主要表現在農村中的「家庭聯產承包責任制」和沿海經濟特區的對外開放政策。這兩個改革政策的特點是國家並不挹注大量投資，而是依靠農民生產意願的增加和國外投資來增進經濟效率。當時在工業上試點進行了企業改革，但是由於華國鋒的「洋躍進」所主張的超高積累和大量購置國外機器設備已經超越了大陸經濟所能負荷的程度，所以鄧小平和陳雲合作提出了八字方針「調整、改革、整頓、提高」，重點在減少投資與進口，降低計劃指標，因此這一段時期是經濟的穩定下降期。在政治上華國鋒的凡是派在以鄧小平為首的成長改革派和以陳雲為首的官僚派合作之下被逐一清除。後二者在反對凡是派上具有共同的利害關係，但是一旦共同的敵人被清除後，鄧陳之間的矛盾就開始顯露出來了。

從 1982 年開始，在鄧小平、總書記胡耀邦和國務院總理趙紫陽的通力合作之下，改革政策和景氣擴張政策開始同步推出，目標是用引入市場機制的方式，配上其他刺激成長的措施（例如大幅度調高農產品的收購價格），來達成當年極左派所不能達到的經濟高度成長。這種企圖充分顯現在 1982 年九月中國共產黨十二大的「翻兩番」戰略當中。在 1982 到 1984 年，為景氣逐漸攀升的時期。原因一方面是農業上全面採行了聯產承包責任制，造成農業生產的快速發展，並成為國民所得增長的動力來源；一方面對企業實行了兩次的「利改稅」，為 1984 年開始的全面工業及城市改革奠定了基礎。

在 1984 年十月召開的中共十二屆三中全會中通過了「關於經濟體制改革的決定」，採取了「有計劃的商品經濟」的理論，開始大規模地下放企業權力，引進市場機制，將「指令性經濟」逐漸向「指導性經濟」轉移，在過渡時期則採用「雙軌制」，並於 1985 年展開物價改革。在採取這些改革措施的同時，為了想要抵消對一般受薪大眾生活的影響，趙紫陽放鬆對工資的控制，聽任通貨發行大量增加，其數額超過過去三十年的總合。經濟改革和擴張政策乃同步出現。這樣自然造成了通貨膨脹，同時官倒橫行，使民眾極為不滿。面對通貨膨脹的威脅、官吏腐敗的弊端以及保守官僚派的強大壓力，趙紫陽於 1986 年年初被迫採取緊縮政策，同時經濟改革也趨於停頓。改革循環和景氣循環因之同步向下。此時民眾經濟狀況的窘迫，益發增加他們了對貪污腐敗現象的憤怒。

在這個關鍵點上，鄧小平又再一次想到要用政治改革來動員社會力量，壓制陳雲等官僚派的勢力。從 1986 年六月上旬到九月中旬，鄧小平連續四次談話講政治改革問題。他說到「只搞經濟體制改革，不搞政治體制改革，經濟體制改革也搞不通，因為首先遇到人的障礙」。⑱又說要「真正把權力下放，擴大社會主義民

---

⑱鄧小平，〈在聽取經濟情況彙報時的談話〉，載於阮銘，《鄧小平帝國》，頁 177。

主,把人民群眾和基層組織的積極性調動起來」。**⑲**這些談話在知識分子當中起了很大的作用,而且胡耀邦也在九月舉行的十二屆六中全會中,透過「精神文明建設指導方針的決議」,大力倡言民主化。此時鄧小平已經意識到政治改革繼續講下去會有很大的負用,所以緊急煞車,表示「搞自由化就是要把我們引導到資本主義道路上去」。**⑳**到了年底,受到多月來政治改革討論的刺激,大陸上許多城市的學生開始走上街頭,爆發了民主運動。鄧小平深深地感到政權的安危受到挑戰,一方面站到官僚派的一邊,贊成鎮壓,一方面決定罷黜主張民主最力的胡耀邦,而以趙紫陽代之。從這一個事件可以看出,鄧小平固然長於用政治改革來發動社會力量,鬥爭政敵,推動經濟改革,但是他同時也對政改的負作用深具戒心。由於鄧小平當時在中共黨內擁有無人置疑的最高權力地位,而經濟改革只是暫時中輟,所以他沒有必要冒政改失控的危險,來推動自由化。比較起 1978 年底的北京之春來,鄧小平此次的態度較為保守。中國大陸仍然在經改而不政改的路徑六上運行。

趙紫陽很能深切地體會鄧小平「政治緊,經濟鬆」的基本策略。他體認到三中全會以來的基本路線有兩條,「一條是堅持四項

---

⑲鄧小平,〈改革政府體制,增強法治觀念〉,載於阮銘,《鄧小平帝國》,頁 178。

⑳鄧小平,〈在黨的十二屆六中全會上的講話〉,載於《中國共產黨大辭典》(北京:中國國際廣播出版社,1991),頁 483。

基本原則,一條是堅持改革、開放、搞活的方針,兩者互相聯繫,缺一不可」。❷於是在趙紫陽掌握大權的 1987 和 1988 年,政治改革銷聲匿跡,經濟改革卻大張旗鼓。在 1987 年十月中共十三大提出了「社會主義初級階段論」,確定了「國家調節市場,市場引導企業」的經改構想,並且將在農業上非常成功的承包制全面引用到國營企業中來,給予國營企業更多的自主性。趙紫陽眞除黨的總書記,雖然由官僚派的李鵬擔任總理,但是趙卻掌握經改的決策權。成長改革派於是發動攻勢,先是在 1988 年初提出「國際大循環」的戰略,確定大陸要走東亞新興工業化國家以出口發展經濟的道路;繼之又在年中第二次「闖物價關」,放開城市農產品的價格。這個物價改革,又是在經濟已經過熱的情形下提出,於是通貨膨脹加速,民眾前往銀行擠兌,當局不得不立刻採取緊縮政策。和以往一樣,激進的經改措施成爲眾矢之的,而飽受攻擊。在 1988 年九月的十三屆三中全會當中,官僚派的「治理、整頓、調整、改革」成爲黨的新經濟政策,李鵬、姚依林等取得了經改的掌控權,並且加強了中央對於投資計劃和許多產品市場的控制,從此展開了長達三年的「治理整頓」時期。新政策導致市場需求的瓦解、資本供給中斷以及投資成長的減緩。經濟改革又再一次中輟。

在治理整頓時期,緊縮政策和經改的停滯一起發生。像 1986

---

❷趙紫陽,〈在春節團拜會上的講話〉,載於《中國共產黨大辭典》(北京:中國國際廣播出版社,1991),頁 484。

到 1987 年的冬天一樣，經濟成長的趨緩，通貨膨脹的持續，和民眾對官倒的憤怒在 1989 年初形成了極不穩定的政治局勢，並且終於導致全國性的學生及市民的民主運動。潛藏的參與危機此時透過經濟困難爆發出來，但這畢竟不是一個經濟危機。民主運動引發了趙紫陽和李鵬兩派的高層權力鬥爭。當時經濟大權旁落的趙紫陽曾有意與天安門廣場的學生接觸，希望能合作對抗官僚派，但為學生所拒。❷ 趙紫陽的態度當然也鼓舞了示威者的士氣，讓他們知道在黨中央也有奧援。❷ 觸動八九民運的另外一個因素是民眾以為中共不至於用武力鎮壓，也就是當時有一個公權力危機的假象。基於此一錯誤的認識，許多人認為各種政治活動的成本已經大為減低，因此紛紛表態支持民運。然而由於公權力的危機只是一個假象，中共政權最後還是能夠動員武裝力量，在六四血洗天安門，保衛住共黨的統治。又因為當時並不存在嚴重的經濟危機，一般民眾不至於鋌而走險，支持要求民主的學生，來反對中共的鎮壓。❷ 在經改而不政改的路徑六上，中共所真正要應付的只有一個參與危機。相對於蘇聯和東歐的共黨政權而言，中共

---

❷關於在八九民運當中中共的派系鬥爭和民主運動之間的密切關聯，參見江之楓，《王牌出盡的中南海橋局》（臺北：中央日報，1989）；及 Chen Chu-Yuan （鄭竹園）, *Behind the Tiananmen Massacre: Social, Political, and Economic Ferment in China* (Boulder, Colo.: Westview, 1990)。

❷〈北京市長陳希同關於制止動亂和平息反革命暴亂的情況報告〉，載於鄭竹園，《大陸的政經劇變與中國前途》（臺北：五南，民國 81 年），附錄一。

不必面對多重危機，實在是處於一個相對有利的位置，也因此中共的鎮壓能夠收效。

後天安門時期（1990～1995）

　　六四事件後，趙紫陽被批判爲「支持動亂，分裂黨」。在1989年六月的十三屆四中全會當中，趙紫陽被剝奪中央委員會總書記，中央政治局常委和中央軍委第一副主席的職務，由江澤民繼任爲總書記。這個時候，一方面在經濟上「治理整頓」達到高潮，改革的措施停滯，工業成長趨近於零，而物價仍舊高漲，外貿逆差嚴重；一方面在政治上全面加緊控制，政治改革之說銷聲匿跡，民運人士和趙紫陽周圍的策士或被捕判刑，或流亡海外。在對外關係上，西方國家對中共紛紛施加貿易制裁，並撤退外資。「和平演變」之說甚囂塵上，而蘇聯和東歐的共黨政權又紛紛崩潰。中共政權似乎面臨了一個存亡絕續的關頭。然而在不到三年的時間當中，中共已經度過了這個對其最嚴格的考驗。其關鍵點是在大陸經濟的迅速復甦。

㉔中共認爲經濟危機的有無判定了蘇聯東歐共黨和中共的不同命運。參見鄧小平，「南下談話：鄧小平同志在武昌、深圳、珠海、上海等地的談話要點」，載於中共深圳市委宣傳部編，《一九九二年春：鄧小平與深圳》（深圳：海天出版社，1992），及 Jialin Zhang, "China's Response to the Downfall of Communism in Eastern Europe and the Soviet Union," *Essays in Public Policy* (Stanford: Hoover Institution, Stanford University Press, 1994), p. 19.

主持治理整頓的官僚雖然不能撼動鄧小平大家長的地位,卻有意將鄧小平排擠到第二線,一如劉鄧在大躍進之後將毛架空的情形一般。然而鄧小平也像毛澤東一樣,不能容忍權力的失落和官僚派的保守經濟路線。在 1991 年二月,上海《解放日報》的四篇「皇甫平」文章,便稟持鄧的改革開放和高速成長主張,對官僚派進行有系統的批判。在 1991 年到 1992 年冬,當治理整頓已經充分地穩定了經濟,並且將貿易逆差轉成了順差之後,鄧小平再也不能忍受李鵬的中度成長政策(李將八五計劃的年成長率定在 6%),便用南巡武昌、深圳、珠海、上海的機會,突破了北京官僚派對他的封鎖,鼓吹加速改革,重新領導成長派奪取經濟權力。

從 1992 年開始,中國大陸進入了最新一波的高速成長時期。同年的十月,在中共的十四大上,老官僚姚依林、宋平等被撤換,成長改革派的朱鎔基則被大力拔擢,自此成長改革派的高成長策略主要便是透過朱鎔基來執行。改革的目標被定位為「社會主義市場經濟體制」,事實上就是「市場社會主義」,也就是以市場取代計劃作為最主要的物資協調和分配的機制,這是中共第一次認定了市場對計劃的優越地位。這個政策的變動所造成的結果是促使經濟成長從 1991 年的 7.6%躍升為 1992 年的 13.2%;物價成長率也由 2.9%逐漸攀升到 5.4%。在 1993 年雖然經濟成長維持在 13%,但是連續兩年維持高成長使得景氣過熱,造成物價膨脹率高達 13%。在七月朱鎔基兼領中國人民銀行行長的職位,集經濟大權於一身。因為對經濟過熱的恐懼導致朱鎔基在 1993 年七月至十月實施宏觀調控，期以同時達到低通貨膨脹與高經濟成長的目標。在此一時期，主要工作為對金融制度與機構的整治。然而宏觀調控的時間極短，在選擇性地冷卻了若干產業的過度膨脹之後，中國大陸在 1994 年又步上了高速經濟成長的路途，並且一直持續到 1995 年。至此鄧小平政治緊，經濟鬆的改革策略似乎仍然能夠維持體系的穩定。中國大陸繼續在第六條發展路徑上運行。

　　縱觀毛澤東死後中共的政治發展，我們可以看出共有三次重大的政治變動，分別是在 1978～1979 年（北京之春），1986～1987 年（胡耀邦下臺），和 1989 年（天安門事件，趙紫陽下臺）。三次變動都與當時的經濟困局有關，也都牽涉到高層的權力鬥爭和改革派利用群眾的策略。在北京之春的時候，鄧小平藉著和西單民主牆的聯盟來壓倒華國鋒。八年後，鄧小平重提政治改革，希望能靠著群眾的力量來衝破官僚派對經濟改革的阻撓。但是他很快認識到這個策略的危險性，所以在十二屆六中全會的時候修正路線，反對自由化。後來在年底的學生運動是政治改革討論的後遺症，並不是鄧小平或胡耀邦設計的結果。這個社會騷動很輕易地便被壓抑下來。至於八九民運基本上是一個群眾要求政治自由化的自發性運動，後來派系鬥爭被捲入其中。這個狀況和派系之間為了權力鬥爭而主動地發動群眾，攻擊政敵，或推行政治改革，透過選舉的方法來排除政治對手有相當大的不同。趙紫陽在天安門事件中是被動地做出反應，欠缺戰略構想。也正由於八九民運基本上是自發的，欠缺中央派系的有力支持，所以中共在鎮壓上相對容易。比較毛澤東死後的這三次政治變動，我們可以發現改

革派菁英利用群眾來進行黨內鬥爭的程度一次比一次淺。在 1978
～1979 年，改革派發動，利用，而後壓制了北京之春。在 1986～
1987 年，成長改革派發動了群眾，激起了政治改革的要求，但是
沒有利用社會的壓力，而迅速加以壓制。在 1989 年，民主運動是
自發的，成長改革派曾經想要利用社會的力量，但是沒有成功，
民運也被強制鎮壓下去。在這三次事件當中，改革派並沒有實行
制度性的政治改革，因此也就沒有引發真正的公權力危機。在危
機的路徑圖上，中國大陸一直穩定地在路徑六上運行，沒有換軌
到路徑七上來，所以中共政權在世界民主化的浪潮衝擊下，仍然
能免於崩潰。

第二節　越南的政治變遷：成功的換軌

　　中國大陸一直穩定地在路徑六上運行。同為亞洲共產主義國
家的越南卻在面臨經濟危機之後，走上路徑七的道路。在經過一
段戈巴契夫式的政治改革之後，越共政權決定改變路徑，重新加
緊政治控制，換軌到路徑六，也就是採取中國大陸式的經改而不
政改的策略。這個做法使得越共得以避免步上蘇聯和東歐共黨政
權滅亡的覆轍。由於越南的經濟改革頗有建樹，越共政權的穩定
性因而增加。和中共一樣，在 1990 年代中期越共基本上只需要處
理參與危機。

　　從 1976 年越南社會主義共和國（Socialist Republic of
Vietnam）建立開始，越南的政治發展基本上可以分為四個階段。

第一個階段是從 1976 年到 1978 年的社會主義改造時期。然後在第二個階段當中，越南從 1979 年開始實行了第一波的經濟改革。可是由於經改的副作用逐漸出現，從 1982 年到 1984 年保守勢力伸張，造成了改革的停滯。在第三個階段當中，改革派從 1985 年開始展開了第二波的經濟改革，並且伴隨著戈巴契夫式的政治自由化。㉕第四個階段是從 1989 年開始，越共政權捨棄了政改，同時將經改加以深化，正式走上了中國大陸式的改革道路。

社會主義改造時期（1976～1978）

在 1976 年越南社會主義共和國建立的時候，越共政權是由第一代的老革命家所領導。他們經歷了對日、對法、和對美的一連串戰爭，此時終於統一全國，自然希望將其社會主義的革命理想付諸實現，於是越共政權就在南越開始了社會主義改造。㉖在 1977 到 1978 年之間，南越的農業被集體化，工商企業也被逐漸改造成國有企業。在第二個五年計劃中（1976～1980），越共政權希

㉕王國璋，〈越南的極權－威權轉型：經改與政改的內在關係，1986～1993〉，臺大政研所學期報告，民國 83 年。

㉖當時在越南勞動黨（在 1976 年後改稱越南共產黨）中，對於在制度上統一南北越的速度有不同的意見。總書記黎筍（Le Duan）較傾向於主張穩健的政策。而共產理論家長征（Truong Chinh）卻主張在最短時間內將南越社會主義化。後來由於意識形態的要求，越南外在環境的惡化，和河內希望穩固地控制南越，所以在 1975 年底越南勞動黨決定加快統一南北越的腳步。參見金榮勇，〈越南的改革趨向〉，《問題與研究》，第 29 卷，第 15 期（民國 79 年 12 月），頁 57。

望同時達成經濟發展和建設社會主義兩大目標。但是就在越共達到其革命建國理想的時刻，它的統治力量卻迅速地衰落下來。

從北越併吞南越開始，越南就面臨了嚴重的經濟危機。多年的戰亂使得南北越的經濟都受創深重。由美國所領導的貿易封鎖將越南孤立於世界市場之外，並且斷絕了國際資金的來源。越共政權在南越進行的社會主義改造將北越行之多年的蘇聯式統制經濟搬移到南方來，也帶來了這種制度浪費資源，缺乏效率的缺點。越共政權對越南華人的歧視虐待，造成大批的海上難民，也毀滅了一群最具有企業精神的人才，並且使河內政權的國際孤立更加深一層。越南對柬埔寨的侵佔使得鄰近國家惴惴不安，促成了一個反越同盟，嚴重打擊了越南同周邊的貿易。在這許多因素的交互作用之下，越南的經濟在 1970 年代末已經到了崩潰邊緣。此種狀況使得越共必須慎重考慮經濟改革。

越南的經濟危機一方面是由於內外環境當中的不利因素，造成成長率的下跌，另一方面則是由於人民期待的改變。依據危機途徑的觀點，國家權力的有效性是相對於社會控制所要求的程度而言的。在過去的戰爭時期，為了求取勝利，昂揚的民族主義支持越南人民忍受了極其艱困的物質生活。但是在國家統一之後，人民自然要求生活境遇的改善。這種揚升的期望，卻遇上了每下愈況的經濟條件，造成越南的經濟危機迅速顯露。

在 1970 年代末的越南，一方面遭逢了經濟危機，一方面由於共黨政權的極權統治，也面對潛藏的參與危機。然而這個危機局面畢竟和東歐各國不同，而是和當時的中共相類似。區別中、越

共和東歐的共黨政權最重要的一點便是前者對莫斯科的相對獨立
地位。這個因素使得中共和越共政權免於遭受族群危機。就越共
而言，在長期的越戰當中，河內從來沒有一面倒地依賴莫斯科或
北京。越共領導人胡志明（Ho Chi Minh）和他的繼承者了解他
們必須獲得蘇聯和中國大陸的支援，才能對抗美國。所以即使中
國大陸在地緣政治上對北越的威脅遠比蘇聯大，越共還是依違於
莫斯科和北京兩者之間，希望獲得最大的利益。㉗除了沒有成為
外國勢力的傀儡外，越共民族主義的合法性更由於其長期外抗強
權的歷史功績而大為高漲。在歷史上越共從早期領導越盟（Viet-
minh）的抗日活動，到二次大戰後對抗法國殖民者的戰爭（包括
著名的奠邊府之役），到和美軍及受美國支持的南越對抗，到入侵
和佔領柬埔寨，並在「懲越戰爭」中和中共打成平手，在半個世
紀當中挑戰了世界上各個強權，最後在絕大多數的戰爭中獲得了
勝利，而從未讓對手得逞。此種「戰勝帝國主義」的彪炳功勳在
共產世界中是絕無僅有的。在越戰結束了以後，越南以其一百二
十萬部隊，號稱世界上第四大軍事強權，在中南半島稱霸。這使
得越共在民族主義的領域享有極高的合法性。由於有這個基本的
合法性做統治的基礎，當 1970 年代末期經濟危機爆發的時候，越
共政權不至如東歐國家一樣，背負著作為外國附庸的「原罪」，而
可以針對經濟問題來嘗試解決方案。

㉗參見羅石圃，〈越南推展對外關係的彷徨〉，《問題與研究》，第 29 卷，第
　1 期（民國 78 年 10 月），頁 52。

第一波經濟改革與後退（1979～1984）

在北越統一越南之後，地緣政治的因素使得中越共反目。北京認為越南想要建立「印支聯邦」的區域霸權；而越共則認為中共承續了歷史上中國統治者想要宰制越南的心態。雙方衝突的基本形勢既已存在，下一步便是各自運用外力來向對方施壓。於是一方面河內向莫斯科靠攏，成為蘇聯圍堵中國大陸的一環；另一方面中共則支持柬埔寨的共黨勢力，不斷在越柬的邊界尋釁，用以牽制越南。❷在 1978 年十二月，越軍侵入柬埔寨，而翌年二月，鄧小平在和美國磋商之後，發動了「懲越戰爭」，使越北六省大受塗炭。中共雖然沒有獲勝，但是卻大為加劇了越南的經濟危機。工業和國內生產毛額在 1979 年開始都出現了負成長。通貨膨脹急遽增加，而糧食的配給卻不斷減少，再加上侵柬之後國際經濟制裁紛至沓來，越南的經濟危機乃進入了一個前所未有的嚴重階段。

經濟危機迫使越共的領導階層讓步。在 1979 年九月越共的四屆六中全會之後，越南發動了第一波的經濟改革。這個改革的重點和當時在中國大陸上所進行的「家庭聯產承包責任制」很相似，都是允許農民向合作社租借土地，在完成定額上繳的任務之後，可以自行處分剩餘的農產品。此外國家把經營權下放，使地方政府和企業有更高的自主性。又進行有限度的價格改革，並且將小

---

❷William J. Duiker, "Vietnam Moves toward Pragmatism," *Current History*, vol. 86, no. 519 (April 1987), p. 149.

型私人企業合法化。㉙這些措施對刺激越南的經濟成長發揮了不小的作用，但也引起黨內保守勢力的大肆抨擊。經濟改革當時在南方推行地最爲順利，原因是南越的共黨幹部和人民群眾都比較熟悉資本主義市場經濟，因此一旦國家社會化的政策放鬆，原有的運作方式便很容易地重新湧現出來。當時中央政治局委員兼中委書記的阮文靈（Nguyen Van Linh）和胡志明市的書記武文傑（Vo Van Kiet）便是改革政策的積極提倡者，而胡志明市在當時的經濟表現遠超過越南的其他地方。不過經改雖然帶來了一些成果，但也使得許多人感到極爲不滿。黨內的保守勢力認爲革命的理想被背叛。負責計劃的官員覺得自己的權力受損。城市的公務員和國營企業的職工飽受通貨膨脹的壓力。企業經理也畏懼私營企業的競爭。㉚於是反對經濟改革的力量逐漸增強，終於使得改革派在 1982 年三月的五大上受到重大的打擊。

「懲越戰爭」爲越南帶來了經濟危機，也迫使越共政權採取了初步的經濟改革措施。然而越南並沒有從此順利地走上第六條路徑。當時最關鍵因素的便是改革派在黨內缺乏足夠的威望。在 1980 年代初期，越共基本上是被一群老革命家所領導，例如黎筍，

㉙此地的小型企業指的是得以雇傭最多 10 名員工的家庭企業。其產品可以用協議價格賣給國營的貿易公司或銷售合作社。這是越南式的「個體戶」。

㉚第一波的經濟改革在農業上產生的影響較大，副作用也較小。參見 Ronald Bruce St John, "The Vietnamese Economy in Transition," *Asian Affairs*, vol. 24, part III (October 1993), p. 306.

長征，范文同（Pham Van Dong），范雄（Pham Hung），和
黎德壽（Le Duc Tho）等人。他們在胡志明死後構成一個集體領
導的體制。這群老領導人剛才完成了一統越南的大業，又成功地
抵抗了外敵的入侵，正躊躇滿志於軍事勝利當中。四屆六中全會
後的經濟改革對他們來說是一次極不情願的讓步。到了 1982 年五
大的時候，由於經改的副作用逐漸顯現，老領導幹部便要求緊縮
控制，停止進一步的經改。改革派的主要人物阮文靈甚至被逐出
政治局，經濟改革遂一時停滯，在南越社會主義改造的工作也繼
續進行。

由於從 1977 年開始，中共便斷絕了對越南的一切援助，並積
極支持赤柬，而在 1979 年又爆發了「懲越戰爭」，河內政權在別
無選擇的情形下只有在經濟上更加依賴蘇聯。在 1978 年越南加入
了蘇聯所領導的經濟互助理事會。到了 1980 年代初期，正是美蘇
交惡，華盛頓和北京聯手對抗莫斯科的時候。越南在此時採取親
蘇的態度，一方面固然可以得到蘇聯的援助和經互會國家的市
場，另一方面卻加重了和西方、中共和東南亞非共國家之間的對
立。❸❶由於越南的經濟此時加速和歐洲的共產主義國家整合在一
起，便沒有可能透過自由貿易，在世界市場中獲得利益。外在形
勢因之限制了越南經濟改革的格局。

❸❶當時越南對蘇聯的依賴可以從以下的數字中看出來。越南的燃料和潤滑
油幾乎百分之百仰賴蘇聯進口，肥料的依賴度是 90%，金屬製品的依賴
度是 80%。見 Nayan Chanda, "Vietnam in 1983," *Asian Survey*,
vol. 24, no. 1 (January 1994), p. 36.

第二波經濟改革與「創新」（1985～1988）

　　從 1979 年開始的經濟改革範圍極為有限，其後又在五全大會被老領導幹部所壓抑，因此成效不彰。尤其通貨膨脹持續嚴重，而政府的財政也出現危機。在 1985 年六月的五屆八中全會當中，阮文靈重新被選入政治局，經濟改革也再一次提到議程上來。當時越共政權進行了貨幣改革，以新「盾」（Dong）取代舊「盾」，將本國貨幣對美金大幅貶值。同時並進行了價格改革，使得企業得以依據本身利潤和成本的考慮來訂定產品的價格。最後實行了薪資改革，取消公務員實物配給，將薪資貨幣化，並且提高工資，以彌補物價上漲的損失。㉜結果造成了需求拉動和成本推動的嚴重通貨膨脹，並藉著物價改革充分地表現出來。此外在 1985 年貿易赤字持續增加，外債達到百億美元，外匯存底僅夠支付兩週進口之用。經濟的總體失衡（macro imbalances）非常嚴重。

　　新的經改政策雖然造成了很大的困難，但是重回五大以來的保守整頓路線顯然也不能夠解決問題。在這個黨內改革派和保守派相持不下的關鍵時期，蘇聯的戈巴契夫開始推行新政，大力提倡改革。在 1986 年二月蘇共第二十七屆代表大會上，戈巴契夫揭示了「公開性」（glasnost'）的改革方針，鼓吹言論自由化，期望喚起民眾，批評時政。由於越南在和中共決裂之後對蘇聯多所倚

㉜羅石圃，〈評析越南經濟改革的動向〉，《問題與研究》，第 26 卷，第 12 期（民國 76 年 9 月），頁 64。

賴，戈巴契夫的改革對越共產生了很大的示範效應，並鼓舞了改革派。七月時越共總書記黎筍去世，由老人長征接任，引發了改革派極大的不滿。在十二月越共六大當中，長征，范文同和黎德壽等老幹部都從領導班子中退出來。阮文靈接任總書記，阮基石（Nguyen Co Thach）和陳春白（Tran Xuan Bach）等改革派進入政治局，代表改革路線和南方幹部的獲勝。㉝然而改革派並不能夠完全掌握優勢。在 1987 年六月的國民大會中，范文同的總理位置由老幹部范雄接掌。武文傑則擔任第一副總理，直接負責經濟改革。這個權力的配置，頗類似於中共在十三全大會後由成長改革派的總書記趙紫陽和官僚派的總理李鵬共掌經改大權，在國務院中則有趙系的田紀雲等擔任副總理來推行經改。改革派雖然聲勢頗大，但是保守勢力仍然佔據重要的權力地位。由於這個原因，越共在六大後的權力鬥爭就像中國大陸的情形一樣，仍然在派系間劇烈進行。㉞

㉝在內閣人士調整中，大量起用了來自南越或曾在南越從事地下工作多年的改革派。一般認為雖然在 1976 年是北越併吞了南越，但是此次的人事更新卻是由南越共黨取代了北越共黨。見羅石圃，「評析越南經濟改革的動向」，頁 66。

㉞Douglas Pike 將六大後的十三名政治局委員分成四大派系：改革派，新保守派，軍方，和官僚派。然後又提出七大議題，並指出各個派系在這些議題上的不同立場。從這些立場來看，改革派始終和官僚派站在同一陣線，來對抗新保守派與軍方。這樣看來，我們的改革／保守二分法其實也符合 Pike 的觀點。參見 Douglas Pike, "Change and Continuity in Vietnam," *Current History*, vol. 89, no. 545(1990), p. 118.

　　從六大開始，越南走上了「以政改來帶動經改」的路線，也就是第七條路徑。阮文靈提出了「創新」（doi moi）的口號，一面深化經改，一面發動社會力量來支持改革。在他的領導之下，越共政權將農民所必須上繳的農產品配額比例降低（最低到50％），堅持政府購糧必須給予農民議價的自由，又用法律來保證十年的承包期限，將改革的重心移轉到農業上來。❸❺在對外經濟關係方面，訂定外國投資法，提供各種稅捐上的減免和保證不對合資企業實行國有化，以鼓勵外人投資。在國有企業方面，大力主張自負盈虧，並且減少國家原料供應的補助。在價格方面，繼續推行物價改革，放鬆政府管制，容許市場決定產品價格。在金融方面則建立中央銀行的制度，並開放私人銀行，進一步調整官方匯率，並放寬外幣管制。同時又鼓勵公私合營和私人企業，給予免稅優待，貸款優惠。❸❻凡此種種都已經超出了市場化的範圍，撼動了社會主義公有制的基礎，並且帶來通貨膨脹和大量失業的問題。❸❼為了應付保守派的反對力量，阮文靈效法戈巴契夫，以總書記的身份對腐敗官僚展開抨擊，並鼓勵民間回應。他又放寬

---

❸❺Ronald J. Cima, "Peasants and Regime in Vietnam: Perspectives on Transition," *Problems of Communism*, vol. 34 (Nov-Dec 1990), p. 93.

❸❻關於六大經濟改革的重點，參見注❸⓪，Ronald Bruce St John, "The Vietnamese Economy in Transition," p. 307.

❸❼同❸❻，p. 68.

對新聞媒體的控制，要它們揭露社會黑暗，評議時政。在文化政策上阮文靈也採取開放的態度，解除出版著作的限制。這些做法，無疑是蘇聯「公開性」的翻版。❸

　　由自由化更進一步便是民主化。像在蘇聯一樣，阮文靈先是設法改組各個群眾組織，增加它們的自主性，使其成為「創新」的支持者。接下來又將國民大會變成改革的論壇。從 1987 年開始，改革派的領導階層一步步地振興國大的議事功能。一方面廢除一致決的原則，採行祕密投票；一方面延長集會的時間和擴充各委員會的功能。代表們在經濟的議題上首次得以不必泥於官方立場，自由討論。會議進行的過程也得以透過大眾傳播媒體加以實況轉播報導。國大自主性的提高充分表現在 1988 年新總理的選舉上。當時總理范雄過世，阮文靈在黨內保守派的壓力下提名杜梅（Do Muoi）為總理，但是其改革派的支持者卻屬意於武文傑。於是阮文靈接受了兩個候選人，在全國最高行政職位上實行了差額選舉，也就是一黨多元主義。結果杜梅以 64% 的比例當選為總理。❸ 雖然改革派沒有奪取到總理的職位，但是也表現了驚人的聲勢。在地方上，阮文靈成功地撤換了絕大多數的省市領導幹部，並且掌握了八成的縣黨部。到 1988 年底，改革派對政治局面的控制基本上已經完成。

❸參見第四章。
❸參見金榮勇，「越南的改革趨向」，頁 64。

新威權統治 (1989～1995)

改革派雖然在黨內的權力鬥爭中獲勝，但是他們一手挑起的社會力量卻蓬勃興起，逐漸難以控制。在 1988 年底，官方報導了統一以來第一次嚴重的群眾示威運動。當時許多土地改革前的地主向農民要求索回他們的土地。示威運動在南越各地區擴展，並且蔓延到胡志明市。在 1989 年五月，越南的大學生受到中國大陸民主運動的影響，也組織起來要求改善學習和生活環境。在國民大會之內，各種政團逐漸出現，展現了一定程度的多元主義面貌。❹許多地下報刊也到處散播傳布。受到當時東歐政治改革的影響，陳春白等激進改革派倡議經濟改革必須要伴隨政治改革才能成功，並且主張多黨民主。阮文靈此時的處境，就有如蘇聯的戈巴契夫和匈牙利的葛羅斯，面對中派發動群眾後難以收拾的困局。

由於老領導幹部已經從政治舞臺上退下，改革派的勢力已經控制住政治局面，經濟改革也逐步展開，政治改革的工具性作用此時便不再存在。歐洲共黨政權的崩潰更對越共帶來了很大的刺激，讓他們警惕到政治自由化所可能帶來的後果。在 1989 年阮文

---

❹例如「前抗戰鬥士俱樂部」（The Club of Former Resistance Fighters）就是在 1988 年由以往在南越從事地下工作的共產黨人組成。他們發行報紙《抗戰傳統》（*Resistance Tradition*）和公開信，抨擊越共政權不肯傾聽群眾的聲音。參見 Ronald J. Cima,"Peasants and Regime in Vietnam," p. 94.

靈開始攻擊自由主義，表明反對多黨制度，並加緊對言論的箝制，禁止私人辦報。在 1990 年三月的六屆八中全會中，激進改革派的陳春白因爲主張東歐式的民主改革被逐出政治局。越共政權想要收緊政治控制的意圖已經非常明顯。到了 1991 年六月越共召開七大，發動政治改革的阮文靈去職，由杜梅取代。在接下來的內閣改組當中，武文傑繼任爲總理。另外改革派的潘文凱（Phan Van Khai）則接替武文傑副總理的職位，並兼任國家計劃委員會的主席。當時在政治局十二名委員當中，有七人獲准退休，是六大以來所未有的大換血。❹新領導階層是改革派和技術官僚的聯合，其務實取向非常明顯。在深化經濟改革，確立多元經濟體制的同時，新政權謹守「不政治多元化」，「不採多黨制」和「不許有反對黨」的政策。對於異議分子的活動，甚至聲明不惜動用軍隊加以鎮壓。❹這就是鄧小平式的「政治緊，經濟鬆」的新威權統治。

　　和政治緊縮同步發生的是更進一步的經濟改革。從 1985 年開始的第二波經改最初成效不彰。在 1980 年代的前半葉越南的經濟雖然遭遇到極大的困難，仍然能夠維持相當的成長。然而在 1986 年到 1988 年之間，雖然推出了許多經改措施，但是一方面由於保守派仍有力量，一方面由於農業的表現不佳，整體的經濟成長率卻顯著下跌。等到改革派在 1988 年底完全掌握住政治局勢之後，便開始緊縮對社會的政治控制。同時在 1989 年春天，賡續六大以

---

❹羅石圃，〈評析越共「七大」後的內外政策〉，《問題與研究》，第 30 卷，第 9 期（民國 80 年 9 月），頁 21。

❹同❹，頁 22。

來的政策，將經改進一步深化。❸當時所採取的新政策包括調整匯率，外貿自由化，深化物價改革，廢除實物補貼，減少計劃指標，和調節農產品價格等。❹並且針對通貨膨脹，採取強力的緊縮措施，包括壓縮預算赤字，提高利率，嚴格控制信貸，產生了很好的效果，使平均每月通貨膨脹率從 1988 年的 14.2%降到 1989 年的 2.8%。到了 1992 年四月，經濟改革的措施被寫入新憲法當中。根據國民大會在 1992 年通過的憲法，土地雖然是國家資產，卻可以由個人長期使用，並且可以在使用者之間轉移。又規定越南公民可以擁有自己的生產工具，自行創立企業，或是與外國公司成立合資企業。這些規定改變了越南社會主義所有制的基礎，將以往經濟改革的措施用國家的根本大法加以保障。

從 1989 年開始，由於農民生產的誘因增加，稻米豐收，使越南由稻米的進口國成為主要出口國。❹經濟持續成長，外貿也開

---

❸在 1989 年經濟改革的深化，主因在經濟危機的持續。當時蘇聯在本身物資缺乏的情況下，不願意再對越南提供大量經援。相反地，由於戈巴契夫急於改善中蘇共之間的關係，乃一再冷淡對待越南，並且施加壓力，迫使越軍撤出柬埔寨。見 Sheldon Simon, "Vietnam's Security: Between China and ASEAN," *Asian Affairs*, vol. 20, no. 4 (1994), p. 197.

❹見 Ronald Bruce St John, "The Vietnamese Economy in Transition," p. 308.

❹在 1993 年，越南僅次於泰國和美國為世界上第三大的稻米出口國。參見 Douglas Pike, "Vietnam in 1993," *Asian Survey*, vol. 34, no. 1 (January 1994), p. 65.

始出現出超。此外幣值趨向穩定,外匯存底也逐漸增加。最重要的是長期以來困擾越共政權的通貨膨脹獲得了抑制,由 1986 年將近 700%降到 1992 年的 18%,而私營經濟快速擴張,生產了全國商品和勞務總值的 75%。❹這些進步都是在蘇聯的物資援助驟減,經互會的傳統市場喪失,大批越軍復員,和大量越南僑工從歐洲共產主義國家被強迫回國等極其不利的條件下達成的,由此可以看出越南經濟體質的改善。由於越軍已經從柬埔寨全面撤出,越南也放棄對橫山林政權的支持,河內和中國大陸與其他周邊國家的關係大幅改進,外資大量湧進,美國的外交承認也近在咫尺,國際環境顯然有利於 1989 年後建立的新威權體制。❹和中共一樣,越共政權在凍結政改,深化經改的戰略之下,已經逐漸立定腳跟,穩固了政權,確實地走上了第六條路徑。

第三節　走資派的共黨政權

中國大陸和越南在 1970 年代末期都面臨了嚴重的經濟危

❹Ronald Bruce St John, "The Vietnamese Economy in Transition," p. 310. 以部門來分,在 1993 年初,國家控制了 60%的工業,40%的服務業,和僅佔 2%的農業。參見 *The Economist*, March 20, 1993, p. 22.

❹Pike, "Vietnam in 1993," p. 70;Martin Gainsborough, "Vietnam II: A Turbulent Normalization with China," *The World Today*, vol. 48, no. 11 (November 1992), p. 205.

機，和潛藏的參與危機。在這個階段，中共及越共政權與蘇聯及東歐比較起來，仍然具有一個維持政治穩定的優勢。那就是北京與河內都具有政治上的獨立性，不是莫斯科的傀儡，所以兩國的共黨政權並不缺乏民族主義的合法性。爲了解決經濟危機，中共和越共都採取了經濟改革的手段，並且基本上獲得了良好的效果。由於經濟危機已經化解，兩國的共黨政權可以集中力量應付潛藏的參與危機，因此表現出相當大的穩定性。在我們的路徑圖上看，中共政權和越共政權都是先面臨參與和經濟危機，然後由改革派掌握政權，推動結構性的經濟改革，最後化解經濟危機，獲得政治穩定。這就是路徑六。

　　然而中共和越共的政治發展其實是先殊途而後同歸的。此二者最大的分野便是在中國大陸改革派取得政權的過程相當順利，然而在越南改革派卻是透過一段戈巴契夫式的政治改革，來動員社會力量，壓倒保守派以後才掌握經濟大權的。造成這個不同的基本原因是中共的改革派是由在黨內具有絕高威望的第一代共黨領袖人鄧小平所領導，而他保守派的政敵卻是年輕一輩的華國鋒。然而在越南，改革派的代表是在南越長期從事地下工作的阮文靈和武文傑等人。他們所面對的保守派政敵則是長征等伴隨胡志明建立北越政權的元老革命家。在中國大陸是資深的改革者鬥爭資淺的保守派；在越南則是資淺的改革者鬥爭資深的保守派。由於改革派必須先從保守派手中奪得政權才能展開經濟改革，所以在中國大陸經濟改革進行地較爲順利，但是在越南經改則歷經波折。

　　由於阮文靈在越共黨內缺乏足夠的支持，他必須發動和援引社會力量才能壓倒保守派。因此從 1986 年的六大開始，阮文靈就進行了戈巴契夫式的政治改革。從六大到 1989 年阮文靈開始收緊政治控制的兩年多時間內，越南是用政治改革爲工具，藉著社會力量來打倒保守派，以建立經濟改革的政治基礎。這便是路徑七的發展途徑。然而，從 1989 年開始，由於保守派的力量已經被清除，改革派又了解到政治改革的嚴重副作用，所以越共政權開始加強政治控制，凍結政治改革，但是深化經濟改革，也就是政治緊，經濟鬆。這是中共政權所一向遵循的道路。因此從 1989 年以來，越共政權成功地由路徑七換軌到路徑六。總結來說，越南走過了一段蘇聯式的改革道路，最後則歸結到中國大陸的模式。由於在越南推動政治改革的階段，沒有引發族群危機，同時在民眾要求政治參與的力量還沒有形成對共黨的政治挑戰之前，越共就運用仍然有效的專政力量加以壓制，所以參與危機並沒有爆發。可以說，越共政權有驚無險地走過了以政治改革促進經濟改革的關口。在經濟改革已經可以順利展開之後，越共便迅速拋棄了政改，和中共同時成爲走資派共黨政權的典範。

第六章　結論——共黨政權的命運

　　蘇聯,匈牙利,中國大陸和越南的共黨政權在 1970 和 1980 年代都面臨了嚴重的經濟危機。然而這四個國家的危機背景,改革戰略,菁英對策,和政治結局都各有不同之處。本書採用了危機途徑,標舉出八個共黨政權的發展路徑。經過個別分析之後,我們發現蘇聯和匈牙利的共黨政權是沿著路徑四發展,也就是想用政治改革為工具來實行經濟改革,最後卻走上政權崩潰的結局。中國大陸和越南基本上是採取路徑六,也就是經改而不政改。結果兩國的共黨逐漸演化成走資派的共產政權,解決了經濟危機,維持了統治地位。其中越南曾經在一段時期當中,開展戈巴契夫式的政治改革,走上了路徑七。但最後在政權崩潰之前及時換軌,回到中共式的改革路徑上來。以下我們將從危機背景,改革戰略,菁英對策,和政治結局等四個方面來比較四國的政治發展,並對這四個案例的分歧之處提出解釋。

危機背景

　　蘇聯,匈牙利,中國大陸和越南等四個共黨政權的危機背景是兩兩相似的。蘇聯和匈牙利苦於族群危機，中國大陸和越南則具有民族主義的合法性。在蘇聯的族群危機是源於佔一半人口的非俄羅斯人反對莫斯科的統治。在匈牙利的族群危機則是源於人民反對由蘇聯所扶植的傀儡政權。前者的自然要求是建立自己的民族國家，從蘇聯分離出去。後者的自然要求則是取消共產黨的統治，擺脫莫斯科的控制。在中國大陸，由於中共在政治上不依賴莫斯科，反而和共產世界的霸主長期抗衡，因此使中國的民族主義獲得很大的舒展。在越南，越共政權除了沒有成為外國勢力的傀儡外，更由於其長期外抗強權的歷史功績而獲得了民族主義的合法性。蘇共和匈共必須背負著異族統治和傀儡政權的原罪，中共和越共卻靠著民族主義來支持其統治。這一個巨大的差距，使得中共和匈共政權具有內建的穩定性，也就是它們可以用民族主義的合法性來作為應付其他危機的緩衝。

　　四個共黨政權雖然在族群領域有所差異，但是到了 1970 年代和 1980 年代，卻都為參與危機和經濟危機所苦。參與危機的根源是共黨的專政統治，和對政治自由的壓迫。經濟危機的根源是社會主義經濟制度缺乏效率，在內涵成長時期沒有辦法帶動整體經濟成長。因此蘇共和匈共政權面臨了族群，參與，和經濟的三重危機。中共和越共則面臨了參與和經濟的雙重危機。這是四個共黨政權在 1970 年代末的危機背景。

改革戰略

　　由於四個共產主義國家都面臨到嚴重的經濟危機，所以要維持政治穩定就必須實行經濟改革，來改善人民的物質生活。然而經濟改革必然會被保守派所抗拒。在這裡保守派和改革派的力量對比具有很大的意義。如果是保守派穩固地掌握了政治權力，就不會有經濟改革，也不會有政治改革。這種情況在我們的四個國家當中並沒有發生，但是發生在羅馬尼亞和北韓。❶第二種狀況是改革派在權力鬥爭中迅速獲得優勢，因此會有經濟改革，但是沒有政治改革。這就是鄧小平在中國大陸所推行的改革戰略。雖然在毛澤東死後中國大陸有三次重大的政治變動，分別是在1978～1979 年（北京之春），1986～1987 年（胡耀邦下臺），和 1989 年（天安門事件，趙紫陽下臺），而三次變動都與當時的經濟困局有關，也都牽涉到高層的權力鬥爭和改革派利用群眾的策略。但是在這三次事件當中，改革派並沒有實行制度性的政治改革，只是在很短暫的時間內放鬆了國家對社會的控制，然後很快就對黨外力量強制鎮壓，因此也就沒有引發真正的公權力危機。中共能夠

---

❶參見 Yu-Shan Wu, "Resisting Reform: A Theoretical Explanation of the Reaction Mode of Mainland China, Romania, North Korea and Vietnam." Paper presented at the 1994 annual meeting of the American Political Science Association, New York, Sep. 1～4, 1994.

快速地推動經濟改革，而不必冒政治改革的風險，主要是因爲改革派的領袖鄧小平在黨內具有極高的威望，遠非新毛派的華國鋒所能比擬。鄧小平是中共第一代的領袖人物，他能夠採取務實的經改政策，和老幹部在文革時期的慘痛遭遇大有關聯。中國大陸的經改由一個擁有巨大權力，而又極端現實的元老政治家推動，便省去了發動群眾來迫使保守派屈服的風險和代價，對共黨政權的穩定大有助益。

第三種狀況是改革派和保守派相持不下。此時改革派爲了黨內鬥爭的需要，便可能會改變遊戲規則，推行政治自由化，或是有限的民主化，來動員社會力量，打擊保守派的政敵。在這裡，政治改革是被當成鬥爭的工具來使用。在四個國家當中，蘇聯，匈牙利和越南都有一段藉政治改革來進行權力鬥爭的階段。這種改革戰略是冒著發動了社會力量以後卻沒有辦法加以控制的危險，但是對改革派而言，卻是無可奈何的選擇。於是蘇聯的戈巴契夫，匈牙利的葛羅斯，和越南的阮文靈都從 1986 年開始推動了制度性的政治改革，倡導自由化和民主化，並且在 1988 年前後成功地將其保守派的政治對手鬥爭出局。然而政治改革削弱了共黨政權的專政力量，其副作用卻擴及其他的危機領域。改革派（或稱中派）的共黨領袖現在面臨了如何爲其政治改革善後的困難。

菁英對策

菁英對策指的是如何爲政治改革收尾的策略。在保守派被整

肅出局之後，共黨政權內的主要派系鬥爭便轉移到中派和激進改
革派之間。中派是發動政治改革的主力。然而他們對政治改革的
態度卻是利用性的。一旦政治自由化和有限民主化的效用已經達
到，經濟改革的障礙已經被排除，他們便無所用於政治改革，總
想加以拘束限制，或竟予以取消。然而激進改革派是在政治改革
的浪潮中興起的黨內民主力量。他們認為經濟改革若是沒有政治
改革的配合將無法奏功，同時主張開放多黨競爭，實行西方式的
民主體制。激進民主派在蘇聯的代表是葉爾欽，在匈牙利是波施
蓋伊，而在越南是陳春白。在鬥倒了保守派之後，中派和激進改
革派的共同敵人消失，二者對政治改革的看法又相互衝突，所以
彼此鬥爭。結果在蘇聯和越南，激進改革派的葉爾欽和陳春白被
逐出權力核心。中派掌握了黨內的最高權力。在匈牙利，激進改
革派的波施蓋伊等人用以前鬥爭保守派卡達的方法，動員社會力
量壓倒了中派的葛羅斯，掌握了共黨的最高權力。

　　這個政治鬥爭的結果決定了共黨對政治改革的態度和對策。
在蘇聯和越南，既然激進改革派的勢力已經被排除，中派自然開
始收緊政治控制，同時推行重大的經濟改革措施。戈巴契夫在
1990 年開始在政治上採取緊縮政策，並從 1991 年開始發動經濟
改革。阮文靈在 1989 年開始攻擊自由化，同時越共政權也深化了
經改措施。至於在匈牙利，由於是激進改革派掌握權力，他們對
政治改革的態度反而是進行到底。對於波施蓋伊和尼亞施而言，
匈共在經濟改革和政治改革方面頗有建樹，而匈牙利的反對派或
則力量微弱，或則和匈共的激進改革派暗通款曲，因此匈共在自

由選舉中勝選的機會頗大。結果在蘇聯和越南,政治改革被共黨
政權中止。在匈牙利,政改卻加速進行。

政治結局

四個共黨政權的政治結局是各國危機背景,改革戰略和菁英
對策所造成的結果。在蘇聯,族群,參與,和經濟的三重危機局
面必須由資淺的改革家戈巴契夫來承擔。他在迫不得已的情況下
推行了「公開性」和「民主化」的政治改革。在戈巴契夫確實地
掌握了政權之後,他開始緊縮政治控制。但是四年來的政治改革
已經使得共黨喪失了它的專政力量,並且點燃了參與和族群危
機。此時蘇聯已經沒有辦法走回共黨專政的老路,黨國體制已經
到了危疑震撼的關頭。最後的八月政變是黨內殘存的保守分子為
挽救政權危亡所做的孤注一擲。在政變失敗後,蘇聯亡國解體,
共黨專制政權也土崩瓦解。從整個過程來看,蘇共走的是第四條
路徑,也就是由政治改革到政權崩潰。

匈牙利像蘇聯一樣,也為族群,參與,和經濟的三重危機所
困。由於改革派的葛羅斯沒有足夠的力量在黨內壓倒卡達,推行
經濟改革,他就只有像戈巴契夫一樣,放手發動群眾,由社會中
產生壓力,以迫使保守派讓位。然而,和蘇聯不一樣的是葛羅斯
在制服了保守派之後,卻被激進改革派所架空。在波施蓋伊和尼
亞施的主導下,匈共加速推進民主化的進程,希望在反對黨形成
氣候之前,進行總統大選,使波施蓋伊能在民主選舉中為共黨保

住政權。激進改革派的做法，是在多重危機之下，自行取消共黨專政的體制，但是希望能由這個讓步交換到在民主制度下第一回的執政權。結果專政體制崩潰了，波施蓋伊成為民選總統的計劃也因為反對黨的掣肘和歐洲非共潮流的興起而終歸失敗。從整個發展過程來看，匈共和蘇共一樣，走的也是第四條路徑，就是由政治改革到政權崩潰。

　　中國大陸的危機背景與蘇聯和匈牙利不同。由於沒有族群危機，中共是處於一個相對穩定的地位。中共另一個得天獨厚之處是十年狂飆的文化大革命造就了支持改革的元老政治家鄧小平。由於他在黨內的地位崇高，勢力極大，所以經濟改革政策由他推動較為順利。在這種情況之下，便沒有必要藉實行政治制度的改革來發動社會力量，鬥爭保守派。中共政權可以全力進行經改，用物質生活的提升來滿足人民的要求。由於中共並沒有實行真正的政治改革，所以也就不必擔心如何面對政改對政治穩定所帶來的不利影響。整個看起來，中共所走的是第六條路徑，也就是用經濟改革來取代政治改革。其結果是中共政權能夠對抗世界的民主化浪潮而繼續存在。

　　越南是介於蘇聯——匈牙利模式和中國大陸模式之間的一個例子。一方面就危機背景而言，越南和大陸一樣是面對參與和經濟的雙重危機，而沒有族群危機。一方面就改革派在黨內的地位和改革戰略而言，越南又類似蘇聯和匈牙利。阮文靈和武文傑等南方的改革派所要面對的是領導北越戰勝法國和美國的元老保守派。改革派能夠掌握政權的唯一希望是發動戈巴契夫式的政治改革，來運用群眾的力量，打倒保守派。因爲採取了這個改革戰略，阮文靈等人就必須應付黨內激進改革派，和黨外社會力量的雙重挑戰。就黨內而言，陳春白等激進的改革力量被掌權的中派清除出去，如同葉爾欽在蘇共內不容於戈巴契夫，而被迫出走。就黨外而言，越南又不像蘇聯，因爲它沒有族群危機。政治改革對越共的改革派而言，仍然是可放可收的工具。因此，越共政權最後是從路徑七換軌道路徑六上來。也就是由蘇聯和匈牙利的模式轉換到中國大陸的模式。整體來說，越共政權和中共政權一樣，是以經濟改革取代了政治改革。結果是越共也能抗拒民主化的世界潮流。關於四個共黨政權政治發展的比較，可以在**表6-1**中清楚地看出來。

在 1990 年代，比較政治學界常討論的一個課題是究竟用什麼方法才能順利地從共產主義的政治經濟制度中解脫出來。一個流行的說法是戈巴契夫的改革順序是先政治改革，然後是經濟改革。而鄧小平的順序卻剛好顛倒過來，先是經濟改革，再是政治改革。❷在天安門事件前後，一般認爲戈巴契夫的改革順序優於鄧小平的改革順序。但是到了蘇聯分崩離析，各前蘇聯共和國在政經改革上躑躅不前，甚至彼此兵戎相見的時候，許多人又認爲

---

❷ Jagdish Bhagwati, "Democracy and Development," *Journal of Democracy*, vol. 3, no. 3 (1992), p. 43.

❸ Yu-Shan Wu, "The Collapse of the Soviet Union: A Crises and Sequences Approach," *Political Science Review*, no. 4 (December 1992), p. 180.

表 6-1　四個共黨政權的危機背景，改革戰略，菁英對策，與政治
　　　　結局

	危機背景	改革派的權力地位	改革戰略	菁英對策	政治結局	政治發展路徑
蘇聯	族群，參與，經濟	受到保守派強力阻撓	以政治改革推進經濟改革	收緊政治控制	共黨政權崩潰	路徑四
匈牙利	族群，參與，經濟	受到保守派強力阻撓	以政治改革推進經濟改革	加速民主化進程	共黨政權崩潰	路徑四
中國大陸	參與，經濟	壓倒保守派	直接進入經濟改革	一貫壓抑政治自由	共黨政權存續	路徑六
越南	參與，經濟	受到保守派強力阻撓	以政治改革推進經濟改革	收緊政治控制	共黨政權存續	由路徑七換軌到路徑六

　　或許鄧小平的改革策略是對的。❸這些講法是假定戈巴契夫和鄧
小平可以任意決定自己國家的改革順序，而且某一種改革順序就
一定會帶來一定的結果。然而從我們的分析當中可以看出來，戈
巴契夫並不想要走政治改革居先的道路。他是受到黨內改革和保
守兩派權力對比的影響，做出了在當時必要的決定。共黨政權的
政治改革也不一定會導致政權崩潰。和蘇聯同時進行政治改革的
越南就能及時轉換軌道，重新收緊政治控制。這兩者之間最大的
差別就是蘇聯原先就有族群危機，所以特別禁受不起政治改革。
至於鄧小平則沒有推行政治改革的理由。他所要的經濟改革可以

在現存的遊戲規則之下達成。他也做了在當時維繫中共政權最合理的抉擇。這就是說，蘇共和中共的改革戰略在很大程度上是兩國政經環境所決定的。然而這兩個戰略所造成的影響卻和各國的危機背景大有關聯，並非一成不變。可見要理解蘇聯和中國大陸為什麼走上相反的路途，必須要透過改良式的危機途徑，不能只是討論改革的順序。

蘇聯，匈牙利，中國大陸和越南的政治發展可以用改良的危機途徑加以解釋。這個途徑將宏觀的社會條件和微觀的菁英策略融於一爐，嘗試發展出一個具有廣泛適用性的理論架構，提出一個政治發展的路徑圖，來分析共黨政權的政治變遷。改良式危機途徑的理論基礎是功能主義和組織控制理論。這是一個創新的分析方法。在本書中，我們雖然已經用四個國家來檢證改良式危機途徑的有效性，但是其他共黨政權的政治發展仍然值得用此一理論框架加以分析。這樣做一方面可以使我們更深入了解實際的發展過程，一方面可以將理論修正，使其更具有解釋力。甚至於，我們可以將本書的路徑圖加以修正，探測它適用於非共國家政治發展的可能性。❹

---

❹作者曾用類似的方法論探討臺灣的政治發展。參見 Yu-Shan Wu, "Marketization of Politics: The Taiwan Experience," *Asian Survey*, vol. 24, no. 4 (April 1989), pp. 382～400.

參 考 文 獻

·中文部分·

尹慶耀，1994，《東歐集團研究》，臺北：幼獅。

尹慶耀，1994，《蘇維埃帝國的消亡》，臺北：五南。

王國璋，1994，〈越南的極權─威權轉型：經改與政改的內在關係，1986～1993〉，臺大政研所學期報告。

白石昌也著，吳瑞雲、田川雅子譯，1995，《越南：革命與建設之間》，臺北：月旦出版社。

江之楓，1989，《王牌出盡的中南海橋局》，臺北：中央日報。

吳玉山，1992，〈蘇聯與南斯拉夫的解體及其對北約的影響〉，《美國月刊》，77: 4～18。

吳國光與王兆軍，1994，《鄧小平之後的中國：解析十個生死攸關的問題》，臺北：世界書局。

李玉珍，1991，〈蘇聯「八月政變」〉，《問題與研究》，30(11): 14～24。

李英明，1992，《文化意識形態的危機：蘇聯、東歐、中共的轉變》，臺北：時報文化。

阮銘，1993，《鄧小平帝國》，臺北：時報文化。

金榮勇,1990,〈越南的改革趨向〉,《問題與研究》,29(15): 54～66。

段賓、張瑞,1993,〈中國資本、資本效率、工資水平和技術進步狀況的歷史分析 1952～1992〉,《中國經濟史研究》,4: 33～52。

洪茂雄,1989,〈論匈牙利民主化的發展〉,《問題與研究》,28(7): 22～35。

洪茂雄,1990,〈論匈牙利政權轉移過程〉,《問題與研究》,29(8): 1～11。

洪茂雄,1991,《東歐變貌》,臺北:時報文化。

殷一昌,1982,〈從歷史觀點看經濟調整〉,《第十一屆中美中國大陸研討會論文》,臺北:政大國關中心。

畢英賢,1989,〈一九八八年蘇聯政經改革與難題〉,《問題與研究》,28(6):13～23。

畢英賢,1990,〈蘇聯的民主化與政治體制改革〉,《問題與研究》,29(7): 1～11。

畢英賢,1991,《新蘇聯:社會主義祖國在蛻變中》,臺北:時報文化。

畢英賢,1992,〈俄羅斯聯邦的政局〉,《問題與研究》,31(3):42～52。

馮紹雷,1993,《一個歐亞大國的沈浮》,臺北:五南。

趙紫陽,1991,〈在春節團拜會上的講話〉,《中國共產黨大辭典》,北京:中國國際廣播出版社。

劉天均，1989，〈地理〉，載於畢英賢主編《蘇聯》，臺北：政治大學國關中心。

鄭竹園，1992，《大陸的政經劇變與中國前途》，臺北：五南。

鄧小平，1991，〈在黨的十二屆六中全會上的講話〉，載於《中國共產黨大辭典》，北京：中國國際廣播出版社。

鄧小平，1992，〈南下談話：鄧小平同志在武昌、深圳、珠海、上海等地的談話要點〉，載於中共深圳市委宣傳部編，《一九九二年春：鄧小平與深圳》，深圳：海天出版社。

鄧小平，1994，《鄧小平文選》，第三卷，北京：人民出版社。

聯合報社編，1994，《戈巴契夫的新思維》，臺北：聯經。

羅石圃，1987，〈評析越南經濟改革的動向〉，《問題與研究》，26(12): 64～72。

羅石圃，1989，〈越南推展對外關係的彷徨〉，《問題與研究》，29(1): 46～55。

羅石圃，1991，〈評析越共「七大」後的內外政策〉，《問題與研究》，30(9): 21～30。

蘇曉康與王魯湘，1989，《河殤》，臺北：風雲時代。

・英文部分・

Almond, Gabriel. 1987. "The Development of Political Development." In Myron Weiner and Samuel P. Huntington, eds.,

Understanding Political Development. Boston: Little, Brown and Co.

Ash, Timothy Carton. 1990. *The Magic Lantern*. New York: Random House.

Banac, Ivo. 1992. "Introduction." In Ivo Banac, ed., *Eastern Europe in Revolution*. Ithaca: Cornell University Press.

Batt, Judt. 1991. *East Central Europe from Reform to Transformation*. New York: Council on Foreign Relations Press.

Bauer, Tamas. 1987~1988. "Perfecting or Reforming the Economic Mechanism?" *Eastern European Economics* 26(2): 5~34.

Ben-Israel, Hedva. 1992. "Nationalism in Historical Perspective." *Journal of International Affairs* 45(2): 367~397.

Bhagwati, Jagdish. 1992. "Democracy and Development." *Journal of Democracy* 3(3): 37~44.

Bialer, Seweryn. 1987. *The Soviet Paradox*. New York: Alfred A. Knoff.

Bialer, Seweryn. 1980. *Stalin's Successors: Leadership, Stability, and Change in the Soviet Union*. Cambridge: Cambridge University Press.

Bialer, Seweryn. 1991. "Domestic and International Forces in the Formation of Gorbachev's Reforms." In Alexander Dallin and Gail Lapidus, eds., *The Soviet System in Crisis*.

Boulder, Colo.: Westview.

Binder, Leonard, Lucian W. Pye, James S. Coleman, Sidney Verba, Joseph Lapalombara, and Myron Weiner, eds. 1971. *Crises and Sequences in Political Development.* Princeton: Princeton University Press.

Bornstein, Morris. 1977. "Economic Reform in Eastern Europe." In U.S. Congress, Joint Economic Committee, *East European Economies Post-Helsinki.* Washington, D.C.: GPO.

Bova, Russell. 1991. "Political Dynamics of the Post-Communist Transition." *World Politics* 44(1) : 113-38.

Bozoki, Andras. 1990. "Post-Communist Transition: Political Tendencies in Hungary." *East European Politics and Societies* 4(2):211~230.

Breslauer, George. 1982. *Khrushchev and Brezhnev as Leaders: Building Authority in Soviet Politics.* London: George Allen and Unwin.

Brus, Wlodzimierz. 1980. "Political System and Economic Efficiency: The East European Context." *Journal of Comparative Economics* 4(1): 40~55.

Bruszt, Laszlo and David Stark. 1992. "Remaking the Political Field in Hungary: From the Politics of Confrontation to the Politics of Competition." In Ivo Banac, ed., *Eastern Europe in Revolution.* Ithaca: Cornell University Press.

Brzezinski, Zbigniew. 1989. *The Grand Failure: The Birth and Death of Communism in the Twentieth Century*. New York: Charles Scribner's Sons.

Brzezinski, Zbigniew. 1989/90. "Post-Communist Nationalism." *Foreign Affairs* 68(5): 1~10.

Chanda, Nayan. 1994. "Vietnam in 1983." *Asian Survey* 24(1): 28 ~36.

Chen, Chu-Yuan （鄭竹園）. 1990. *Behind the Tiananmen Massacre: Social, Political, and Economic Ferment in China*. Boulder, Colo.: Westview.

Chirot, Daniel. 1991. "What Happened in Eastern Europe in 1989." In Daniel Chirot, ed., *The Crisis of Leninism and the Decline of the Left: The Revolutions of 1989*. Seattle: University of Washington Press.

Chu, Yun-han. 1992. *Crafting Democracy in Taiwan*. Taipei: Institute for National Policy Research.

Cima, Ronald J. 1990. "Peasants and Regime in Vietnam: Perspectives on Transition." *Problems of Communism* 34:(Nov.-Dec.): 90~93.

Cohen, Stephen F. 1985. *Rethinking the Soviet Experience: Politics and History Since 1917*. New York: Oxford University Press.

Dittmer, Lowell. 1981. "The Strategic Triangle: An Elementary

Game – Theoretical Analysis." *World Politics* 33(4): 485～ 515.

Dittmer, Lowell. 1987. *China's Continuous Revolution: The Post-Liberation Epoch, 1949～1981*. Berkeley, California: University of California Press.

Duiker, William J. 1987. "Vietnam Moves Toward Pragmatism." *Current History* 86(519): 148～151.

Eckstein, Harry. 1988. "A Culturalist Theory of Political Change." *American Political Science Review* 82(3): 789～804.

Ericson, Richard E. 1991. "The Classical Soviet-Type Economy: Nature of the System and Implications for Reform." *Journal of Economic Perspective* 5(4): 11～27.

Etzioni, Amitai. 1964. *Modern Organizations*. Englewood Cliffs, New Jersey: Prentice-Hall.

Fischer, Stanley and Alan Gelb. 1991. "The Process of Socialist Economic Transformation." *Journal of Economic Perspective* 5(4): 91～105.

Friedrich, Carl J. and Zbigniew K. Brzezinski. 1963. *Totalitarian Dictatorship and Autocracy*. New York: Praeger.

Gainsborough, Martin. 1992. "Vietnam II: A Turbulent Normalization with China." *The World Today* 48(11): 205～207.

Garver, John W. 1983. "The Chinese Communist Party and the Collapse of Soviet Communism." *The China Quarterly*,

133: 1~26.

Gati, Charles. 1990. *The Bloc That Failed: Soviet-East European Relations in Transition.* Bloomington: Indiana University Press.

Gellner, Ernest. 1983. *Nations and Nationalism.* Ithaca: Cornell University Press.

Glenny, Misha. 1990. *The Rebirth of History: Eastern Europe in the Age of Democracy.* London: Penguin Books.

Goldman, Marshall. 1987. *Gorbachev's Challenge: Economic Reform in the Age of High Technology.* New York: W. W. Norton.

Goodman, David S. G. 1988. "Communism in East Asia: The Production Imperative, Legitimacy and Reform." In David Goodman. ed., *Communism and Reform in East Asia.* London: Frank Cass.

Hankiss, Elemer. 1990. *East European Alternatives.* Oxford: Clarendon Press.

Hewett, Edward A.. 1988. *Reforming the Soviet Economy: Equality Versus Efficiency.* Washington D.C.: The Brookings Institution.

Horvath, Agnes and Arpad Szakolczai.1992. *The Dissolution of Communist Power: The Case of Hungary.* London: Routledge.

Hough, Jerry. 1979. *How the Soviet Union Is Governed.* Cambridge, Massachusetts: Harvard University Press.

Hough, Jerry F. 1980. *Soviet Leadership in Transition*. Washington, D.C.: The Brookings Institution.

Huntington, Samuel P. 1971. "The Change to Change: Modernization, Development, and Politics." *Comparative Politics* 3(3): 283~322.

Janos, Andrew C. 1986. *Politics and Paradigms: Changing Theories of Change in Social Science*. Stanford: Stanford University Press.

Johnson, Chalmers. 1962. *Peasant Nationalism and Communist Power*. Stanford: Stanford University Press.

Johnson, Chalmers ed. 1970. *Change in Communist Systems*. Stanford: Stanford University Press.

Jowitt, Ken. 1975. "Inclusion and Mobilization in European Leninist Regimes." *World Politics* 28(1): 69~96.

Jowitt, Ken. 1983. "Soviet Neotraditionalism: The Political Corruption of a Leninist Regime." *Soviet Studies* 35(3): 275~297.

Jowitt, Ken. 1992. *New World Disorder*. Berkeley: University of California Press.

Judt, Tony R. 1992. "Metamorphosis: The Democratic Revolution in Czechoslovakia." In Ivo Banac, ed. *Eastern Europe in Revolution*. Ithaca: Cornell University Press.

Kassof, Allen. 1964. "The Administered Society." *World Politics*

16(4):558～75.

Kesselman, Mark. 1973. "Order or Movement: the Literature of Political Development as Ideology." *World Politics* 26(1): 139～154.

Kis, Janos. 1991. "Postcommunist Politics in Hungary." *Journal of Democracy* 2(3): 3～15.

Kornai, Janos. 1986. "The Hungarian Reform Process: Visions, Hopes, and Reality." *The Journal of Economic Literature* 24(4): 1687～1734.

Kornai, Janos. 1986. *Contradictions and Dilemmas.* Cambridge: MIT Press.

Kovrig, Bennett. 1987. "Hungarian Socialism: The Deceptive Hybrid." *Eastern European Politics and Societies* 1(1): 113～134.

Laitin, David. 1991. "The National Uprisings in the Soviet Union." *World Politics.* 44(1): 139～177.

Lapidus, Gail W. 1991. "Gorbachev's Nationalities Problems," in Alexander Dallin and Gail W. Lapidus, eds., *The Soviet System in Crisis.* Boulder, Colo.: Westview.

Lewin, Moshe. 1991. *The Gorbachev Phenomenon.* Berkeley: University of California Press.

Lewis, Paul G. 1990. "Democratization in Eastern Europe." *Coexistence* 27(4): 245～267.

Lilley, James R. 1994. "Trade and the Waking Giant--China, Asia, and the American Engagement." In James R. Lilley and Wendell L. Willkie II, eds., *Beyond MFN: Trade with China and American Interests.* Washington, D.C.: The American Enterprise Institute Press.

Lowenthal, Richard. 1970. "Development vs. Utopia in Communist Policy." In Chalmers Johnson, ed., *Change in Communist Systems.* Stanford: Stanford University Press.

Lowenthal, Richard. 1974. "On 'Established' Communist Party Regimes." *Studies in Comparative Communism* 7(4): 335~358.

Lowenthal, Richard. 1983. "The Post-Revolutionary Phase in China and Russia." *Studies in Comparative Communism* 16(3): 191~201.

Meyer, Alfred. 1964. "USSR, Incorporated." In Donald W. Treedgold, ed., *The Development of the USSR: An Exchange of Views.* Seattle: University of Washington Press.

Moore, Barrington. 1966. *Social Origins of Dictatorship and Democracy.* Boston: Beacon.

Motyl, Alexander J. 1992. "The Modernity of Nationalism." *Journal of International Affairs* 45(2): 307~323.

Nathan, Andrew J. 1990. *China's Crisis: Dilemmas of Reform and Prospects for Democracy.* New York: Columbia University

Press.

Nove, Alec. 1982. *An Economic History of U.S.S.R.* New York: Penguin Books.

O'Donnell, Guillermo. 1979. *Modernization and Bureaucratic Authoritarianism: Study in South American Politics.* Berkeley: Institute of International Studies, University of California Press.

O'Donnell, Guillermo., Philippe C. Schmitter, and Laurence Whitehead, eds., 1986. *Transitions from Authoritarian Rule (four volumes).* Baltimore: The Johns Hopkins University Press.

Odom, William E. 1992. "Soviet Politics and After: Old and New Concepts." *World Politics* 45(1): 66～98.

Palma, Giuseppe Di. 1991. "Legitimation from the Top to Civil Society: Politico-Cultural Change in Eastern Europe." *World Politics* 44(1): 49～80.

Palma, Giuseppe Di. 1991. "Why Democracy Can Work in Eastern Europe." *Journal of Democracy* 2(1): 21-31.

Paul, David. 1979. *The Cultural Limits of Revolutionary Politics: Change and Continuity in Socialist Czechoslovakia.* New York: Columbia University Press.

Pike, Douglas. 1990. "Change and Continuity in Vietnam." *Current History* 89(545): 117～20.

Pike, Douglas. 1994. "Vietnam in 1993." *Asian Survey* 34(1): 64〜71.

Prybyla, Jan S. 1989. "China's Economic Experiment: Back from the Market?" *Problems of Communism* 38(1): 1〜18.

Prybyla, Jan S. 1990. "Economic Reform of Socialism: The Dengist Course in China." *The Annals* 507: 113〜122.

Przeworski, Adam. 1991. *Democracy and the Market: Political and Economic Reforms in Eastern Europe and Latin America*. Cambridge: Cambridge University Press.

Pye, Lucian W. 1990. "Political Science and the Crisis of Authoritarianism." *American Political Science Review* 84(1) : 3〜19.

Rakowska-Harmstone, Teresa. 1992. "Chickens Coming Home To Roost: A Perspective on Soviet Ethnic Relations." *Journal of International Affairs* 45(2): 519〜548.

Rigby, T. H. 1964. "Organizational, Traditional, and Market Societies." *World Politics* 16(4): 539〜557.

Rostow, W. W. 1991. "Eastern Europe and the Soviet Union: A Technological Time Warp." In Daniel Chirot, ed., *The Crisis of Leninism and the Decline of the Left*. Seattle: University of Washington Press.

Rothschild, Joseph. 1989. *Return to Diversity: A Political History of East Central Europe Since World War II*. New York: Oxford University Press.

Rupnik, Jacques. 1979. "Dissent in Poland, 1968~1978: the End of Revisionism and the Rebirth of Civil Society," In Rudolf Tokes, ed., *Opposition in Eastern Europe*. Baltimore: The Johns Hopkins University Press.

Sandbrook, Richard. 1975. "The 'Crisis' in Political Development Theory." *Journal of Development Studies* 12: 165~185.

Schopflin, Georges, Rudolf Tokes, and Ivan Volgyes. 1988. "Leadership Change and Crisis in Hungary," *Problems of Communism* 37(5): 23~46.

Shirk, Susan. 1993. *The Political Logic of Economic Reform in China*. Berkeley: University of California Press.

Simai, Mihaly. 1992. "Hungarian Problems." *Government and Opposition* 27(1): 52~65.

Simon, Sheldon. 1994. "Vietnam's Security: Between China and ASEAN." *Asian Affairs* 20(4): 187~204.

Skilling, Gordon H. 1966. "Interest Groups and Communist Politics." *World Politics* 18(3): 435-451.

Skilling, Gordon H. and Franklyn Griffiths, eds., 1971. *Interest Groups in Soviet Politics*. Princeton: Princeton University Press.

Skilling, H. Gordon. 1985. "Czechoslovak Political Culture: Pluralism in an International Context." In Archie Brown, ed.,

Political Culture and Communist Studies. Armonk, N.Y.: M.E. Sharpe.

Skocpol, Theda. 1982. "Bringing the State Back In." *SSRC Items* 36(1/2): 1~8.

Smith, Anthony. 1983. *Theories of Nationalism*. New York: Holmes and Meier.

Spring, D. W. 1991. *The Impact of Gorbachev: The First Phase, 1985~1990*. London: Pinter.

St John, Ronald Bruce. 1993. "The Vietnamese Economy in Transition." *Asian Affairs* 20(4): 304~314.

Suny, Ronald G. 1993. *The Revenge of the Past: Nationalism, Revolution, and the Collapse of the Soviet Union*. Stanford, Calif.: Stanford University Press.

Swain, Nigel. 1992. *Hungary: The Rise and Fall of Feasible Socialism*. London: Verso.

Tarrow, Sidney. 1991. "Understanding Political Change in Eastern Europe." *Political Science and Politics* 24(1): 12~20.

Verba, Sidney. 1971. "Sequences and Development." In Leonard Binder, et al., eds., *Crises and Sequences in Political Development*. Princeton: Princeton University Press..

Vujacic, Veljko and Victor Zaslavsky. 1991. "The Causes of Disintegration in the USSR and Yugoslavia." *Telos* 88: 120~140.

White, Stephen. 1991. *Gorbachev and After*. New York: Cambridge University Press.

White, Gorden. 1993. *Riding the Tiger: The Politics of Economic Reform in Post-Mao China*. Stanford: Stanford University Press.

Wolf, Thomas A. 1991. "The Lessons of Limited Market-Oriented Reform." *Journal of Economic Perspective* 5(4): 45～58.

Wu, Yu-Shan. 1990. "The Linkage Between Political and Economic Reform in the Socialist Countries: A Supply-Side Explanation." *Annuals* 507: 91～102.

Wu, Yu-Shan. 1992. "The Collapse of the Soviet Union: A Crises and Sequences Approach." *Political Science Review* 4: 179～224.

Wu, Yu-Shan. 1994. *Comparative Economic Transformations: Mainland China, Hungary, the Soviet Union, and Taiwan*. Stanford: Stanford University Press.

Wu Yu-Shan. 1994. "Resisting Reform: A Theoretical Explanation of the Reaction Mode of Mainland China, Romania, North Korea and Vietnam." Paper presented at the 1994 annual meeting of the American Political Science Association, New York, Sep. 1～4.

Zhang, Jialin. 1994. "China's Response to the Downfall of Communism in Eastern Europe and the Soviet Union." *Essays in Public Policy*. Stanford: Hoover Institution, Stanford University Press.

◎ 東歐諸國史（當代完備版）

李邁先／著
洪茂雄／增訂

前美國總統雷根在 1980 年訪問西柏林時，曾赴象徵「光明與黑暗」、「自由與奴役」的柏林圍牆參觀，並指出「共黨政權將被拋入歷史的灰燼之中」。1989 年東歐變天，1991 年蘇聯瓦解，雷根此語成為先見之明的不朽名言。本書除了為讀者介紹東歐諸國的重要史實外，對於當代東歐諸國之變遷亦有深入描述。

◎ 世界現代史（上）（下）　王曾才／著

本書作者王曾才教授以其清晰的歷史視野和國際觀，用流暢的筆法來撰述，為讀者提供了一個體察天下之變的指涉架構。本書起自第一次世界大戰，迄於冷戰結束和蘇聯的崩解。舉凡現代政治（含國際政治）、社會、經濟和文化的演變，均有詳盡而有深度的敘述與析論。

◎ 中國現代史　薛化元 李福鐘 潘光哲／編著

本書分題論列中國現代歷史的發展脈絡，並評析其歷史涵義。對於這段歷史過程中的重大事件，論述不求其詳備，而取其精義，希望能讓讀者有系統而概念性的理解。關於這段歷史過程中諱莫難明的史事，也參酌最新研究成果，務求確實無訛，盼望亦能讓讀者有超越傳統歷史論述的認知。